Mythes
et mythologies
politiques

Du même auteur

La Société militaire
(1815-1939)
Plon, 1953

L'Idée coloniale en France
1871-1962
La Table Ronde, 1972
nouvelle éd., Hachette, «Pluriel», 1978

Le Nationalisme français
Anthologie
1871-1914
Seuil, «Points Histoire», 1983

Problèmes militaires
et stratégiques contemporains
Dalloz, 1989

Singulièrement libre
(entretiens avec Pierre Assouline)
Perrin, 1990

Nationalismes et nations
Complexes, 1996

Raoul Girardet

Mythes
et mythologies
politiques

Éditions du Seuil

La première édition de cet ouvrage
a paru dans la collection « L'univers historique »

EN COUVERTURE :
Philippe Pétain, *Imagerie du Maréchal*
(album destiné aux enfants)
collection Alain Gesgon. CIRIP.

ISBN 2-02-011484-4
(ISBN 2-02-009348-0, 1ʳᵉ publication)

© ÉDITIONS DU SEUIL, OCTOBRE 1986

Ad memoriam
PHILIPPI ARIÈS
Hunc librum mitto
De quo inter nos contentionem fecimus
Non interruptam ne morte quidem.

Quelques-uns des thèmes abordés dans cet essai ont fait l'objet, il y a quelques années, de plusieurs séminaires successifs dans le cadre du troisième cycle de l'Institut d'études politiques de Paris. Nous tenons à remercier de leur présence et de leur contribution tous ceux, étudiants ou non-étudiants (et notamment Georges Liebert, Jean Plumyène et Alain-Gérard Slama), qui ont bien voulu y participer.

Pour une introduction
à l'imaginaire politique

L'étude de ce que l'on désigne habituellement du terme ambigu d'histoire des idées politiques n'a cessé de susciter, et depuis plusieurs générations, de belles et fortes œuvres. Au-delà de leur diversité, au-delà des systèmes de valeurs, de références et d'interprétations auxquelles elles se rattachent, celles-ci présentent cependant une étrange constante : une défiance obstinée à l'égard de l'imaginaire. A quelques exceptions près, et ces exceptions sont récentes, toutes tendent à restreindre leur exploration au seul domaine de la pensée organisée, rationnellement construite, logiquement conduite. Héritage sans doute de cette primauté accordée au rationnel, depuis près de trois siècles, par la civilisation de l'Occident : c'est dans le seul cadre de l'affrontement des doctrines, de l'entrecroisement ou du heurt des « systèmes de pensée » que sont perçus et appréhendés les grands débats où se sont trouvées historiquement confrontées les visions opposées du destin des Cités. L'épaisseur sociale, la dimension collective ne sont pas niées, et avec elles tout ce que les débats idéologiques impliquent de contenu passionnel, tout ce qui les charge de ce poids parfois si dense d'espoirs, de souvenirs, de fidélités ou de refus. Mais en fin de compte l'analyse se trouve toujours, ou presque toujours, ramenée à l'examen d'un certain nombre d'œuvres théoriques, œuvres classées en fonction de ce que la tradition leur attribue de valeur d'intemporalité et qu'il s'agit essentiellement de situer les unes par rapport aux autres, d'expliquer, de commenter et d'interpréter. Tout ce qui échappe aux formulations démonstratives, tout ce qui sourd des profondeurs secrètes des puissances oniriques demeure en fait relégué dans une zone d'ombre dans laquelle bien rares sont ceux qui s'avisent de pénétrer. Le rêve n'est guère pris en considération que lorsqu'il s'exprime dans la forme traditionnelle de ce qu'il est convenu d'appeler l'utopie, c'est-à-dire d'un genre littéraire bien déterminé, aux finalités didactiques clairement affirmées, soumis à une rigoureuse ordonnance du discours et aisément accessible à la seule intelligence logique.

Il ne s'agit nullement, dans cet essai, de contester la légitimité de cette démarche, parallèle d'ailleurs à celle qu'ont suivie, et continuent encore assez largement à suivre, l'histoire de la littérature, celle de l'art ou celle des sciences : c'est sur son principe même que reposent pour l'essentiel la connaissance et la compréhension de l'ensemble de notre héritage culturel. Il ne s'agit pas davantage d'ignorer ou de nier l'importance souvent décisive de l'impact historique d'un certain nombre de grandes œuvres politiques : si Locke, Rousseau, Montesquieu ou Marx n'avaient pas écrit, si leurs œuvres n'avaient pas rayonné, séduit les intelligences et suscité leur adhésion, il est peu vraisemblable que les sociétés de la fin du XXe siècle présentent à notre regard l'image qui est actuellement la leur. Les pages qui suivent ne témoignent en aucune façon d'une quelconque volonté de remise en cause. Elles ne relèvent en vérité, dans leur objectif essentiel, que d'un simple effort d'élargissement du domaine quasi professionnel qui, depuis longtemps, a été imparti à leur auteur. Responsable de l'enseignement de l'histoire des idées politiques à l'Institut d'études politiques de Paris, comment celui-ci, étant tout naturellement passé de l'étude des « systèmes de pensée » à celle des mentalités, n'aurait-il pas été conduit à aborder ce versant méconnu, ignoré, négligé du monde même qu'il avait pour tâche d'évoquer et dont tant de faits, tant de textes ne cessaient pourtant de venir lui rappeler l'obsédante présence ? Se situant délibérément en dehors du champ traditionnellement assigné aux curiosités et aux recherches de l'«histoire des idées», c'est donc comme une tentative d'exploration d'une certaine forme de l'imaginaire — en l'occurrence l'imaginaire politique — que cet ouvrage a été conçu et qu'il doit être compris.

Le fait que la mode se soit assez récemment emparée d'une certaine terminologie, d'un certain type de vocabulaire risque peut-être de rendre quelque peu suspecte l'importance attribuée aux problèmes abordés. Tant de récits cependant, tant d'appels, tant d'annonces prophétiques échappant à toute rationalité apparente, mais dont notre culture politique porte encore si profondément la marque... Il apparaît bien, et avec une irréductible évidence, que c'est d'une étonnante effervescence mythologique que n'ont cessé d'être accompagnés les bouleversements politiques des deux derniers siècles de l'histoire européenne. Dénonciation d'une conspiration maléfique tendant à soumettre les peuples à la domination de forces obscures et perverses. Images d'un Age d'or perdu dont il convient de retrouver la félicité ou d'une Révolution rédemptrice permettant à l'humanité d'entrer dans la phase ultime de son histoire et assurant à jamais le règne de la justice. Appel au chef salvateur, restaurateur de l'ordre ou conquérant d'une nouvelle grandeur collective. La liste récapitulative est loin d'être close.

Certains de ces thèmes se rencontrent, plus ou moins discrètement présents, à l'arrière-plan de quelques-unes des grandes constructions doctrinales du siècle dernier, y compris parmi celles qui se réclament avec le plus de force de leur rigueur démonstrative et du caractère essentiellement «scientifique» de leurs postulats. Et là se trouvent sans doute, pour beaucoup d'entre elles, l'origine et l'explication de leur puissance d'attraction : quel aurait été le destin historique d'un marxisme amputé de tout appel prophétique et de toute vision messianique, réduit aux seules données d'un système conceptuel et d'une méthode d'analyse ?... Mais millénarismes révolutionnaires, nostalgies passéistes, culte du chef charismatique, obsessions maléfiques peuvent également se présenter sous

11

une forme plus immédiate ou plus abrupte. C'est dans toute son autonomie que s'impose alors le mythe, se constituant lui-même en un système de croyance cohérent et complet. Il ne se réclame plus, dans ces conditions, d'aucune autre légitimité que celle de sa simple affirmation, d'aucune autre logique que celle de son libre développement. Et sans doute, quel que soit le cas, l'expérience montre-t-elle que chacune de ces « constellations » mythologiques peut surgir des points les plus opposés de l'horizon politique, peut être classée à « droite » et à « gauche » selon l'opportunité du moment. (Que l'on songe seulement à la constante ubiquité à cet égard du thème de la Conspiration juive ou du légendaire de l'Homme providentiel.) Il n'en demeure pas moins que, bien au-delà des clivages que nous avons pris l'habitude de tenir pour décisifs, nous nous trouvons en présence d'ensembles structuraux d'une réelle homogénéité et d'une constante spécificité. Les rôles qui leur ont été attribués ont pu varier, dans le temps et dans l'espace, en fonction des vicissitudes du débat idéologique ou du combat partisan. Dans le cadre de chacun d'entre eux, les facteurs de permanence et d'identité demeurent cependant aisément décelables, au niveau du langage aussi bien qu'à celui des images, au niveau des symboles aussi bien qu'à celui des résonances affectives.

En privilégiant le cas français et dans les limites chronologiques des deux derniers siècles, ce sont quatre de ces « grands ensembles » mythologiques — la Conspiration, l'Age d'or, le Sauveur, l'Unité — que cet essai se propose plus précisément comme sujets d'examen.

Cheminement hasardeux cependant, jalonné de multiples embûches, encombré de singuliers obstacles...

Le premier d'entre eux, le plus évident mais non le moins redoutable, est de l'ordre du vocabulaire [1]*. Compte tenu de la pluralité d'interprétations que lui attribue le langage commun, c'est d'une

* Les notes sont placées en fin d'ouvrage.

persistante équivoque que le terme même de mythe continue en effet à se trouver entouré. Pour les anthropologues et les historiens du sacré, le mythe doit être conçu comme un récit : récit qui se réfère au passé (« En ce temps-là... », « Il était une fois... »), mais qui conserve dans le présent une valeur éminemment explicative dans la mesure où il éclaire et justifie certaines péripéties du destin de l'homme ou certaines formes d'organisation sociale. « Le mythe, écrit Mircea Eliade [2], raconte une histoire sacrée ; il relate un événement qui a lieu dans le temps immémorial, le temps fabuleux des commencements. Autrement dit le mythe raconte comment une réalité est venue à l'existence, que ce soit la réalité totale, le cosmos, ou seulement un fragment : une île, une espèce végétale, un comportement humain, une institution... » Pour d'autres [3] en revanche, la notion de mythe demeure confondue avec celle de mystification : illusion, phantasme ou camouflage, le mythe altère les données de l'observation expérimentale et contredit aux règles du raisonnement logique ; il s'interpose comme un écran entre la vérité des faits et les exigences de la connaissance. Pour d'autres enfin, lecteurs de Georges Sorel et des *Réflexions sur la violence,* le mythe est essentiellement appréhendé dans sa fonction d'animation créatrice : « ensemble lié d'images motrices », selon la formule même de Sorel, il est appel au mouvement, incitation à l'action et apparaît en définitive comme un stimulateur d'énergies d'une exceptionnelle puissance.

Chacune de ces formulations paraît effectivement correspondre à quelques-uns des principaux aspects du mythe politique, tel que celui-ci s'inscrit dans l'histoire de notre temps. Aucune ne paraît cependant susceptible d'en épuiser, ni même d'en cerner le contenu. Le mythe politique est bien fabulation, déformation ou interprétation objectivement récusable du réel. Mais, récit légendaire, il est vrai qu'il exerce aussi une fonction explicative, fournissant un certain nombre de clés pour la compréhension du présent, constituant une grille à travers laquelle peut sembler s'ordonner le chaos déconcertant des faits et des événements. Il est vrai encore que ce rôle d'explication se double d'un rôle de mobilisation : par tout ce qu'il véhicule de dynamisme prophétique, le mythe occupe une place majeure aux origines des croisades comme à celles des révolutions. C'est en fait sur chacun de ces plans que se développe toute mythologie politique, en fonction de ces trois dimensions qu'elle se structure et s'affirme... D'où la nécessité de se situer dans une perspective globale qui, sans ignorer chacune de ces dimensions, permette de toutes les retrouver dans leur conjonction et dans leur unité. D'où surtout la nécessité de prendre en considération la singularité d'une réalité psychologique d'une très évidente spécificité. Car c'est là sans doute, bien plus encore que dans les querelles terminologiques, que l'analyse risque de s'égarer dans les incertitudes et les détours d'un monde mal exploré. Au regard de tous ceux qui en ont tenté l'étude et au-delà de la foisonnante diversité de leur thématique, les manifestations de l'imaginaire mythologique présentent en effet un certain nombre de traits communs. Elles relèvent, en d'autres termes, d'un système particulier de discours ou, si l'on préfère, de modes originaux d'expression aussi éloignés sans doute de la construction rhétorique que peut être le langage musical des structures de la formulation verbale. Ne pas en tenir compte, si difficile qu'en soit parfois la compréhension, serait s'interdire toute possibilité d'approche.

Ce sont, à cet égard, les rapports d'analogie qui semblent pouvoir être légitimement établis entre la démarche mythique et celle du rêve lui-même qu'il convient tout d'abord de rappeler. Comme le rêve, le mythe s'organise en une succession, il vaudrait mieux dire en une dynamique d'images, et, pas plus que pour le rêve, il ne saurait être question de dissocier les fractions de cette dynamique : celles-ci s'enchaînent, naissent l'une de l'autre, s'appellent l'une l'autre, se répondent et se confondent ; par un jeu complexe d'associations visuelles, le même mouvement qui les fait apparaître les emporte vers une tout autre direction. Comme le rêve encore, le mythe ne peut être cerné, défini, enfermé dans des contours précis qu'à la suite d'une opération conceptualisante, obligatoirement réductrice, qui risque toujours de le trahir ou de n'en donner qu'une version appauvrie, mutilée, amputée de sa richesse et de sa complexité. Claude Lévi-Strauss ne manque pas de nous en faire souvenir [4] : ce serait totalement ignorer la nature de la réalité mythique que de tenter d'appliquer à son étude les principes de l'analyse cartésienne, c'est-à-dire ceux de la décomposition en parties distinctes, de la division successive et de la numérotation. « Il n'existe pas, écrit-il, de terme à l'analyse mythique, pas d'unité secrète qu'on puisse saisir au bout du travail de décomposition. Les thèmes se dédoublent à l'infini, quand on croit les avoir démêlés les uns des autres et les tenir séparés, c'est seulement pour constater qu'ils se ressoudent en fonction d'affinités imprévues... »

Les mythes politiques de nos sociétés contemporaines ne se différencient guère sur ce point des grands mythes sacrés des sociétés traditionnelles. La même et essentielle fluidité les caractérise en même temps que l'indécision de leurs contours respectifs. Ils se chevauchent, s'interpénètrent, se perdent parfois l'un dans l'autre. Un réseau à la fois subtil et puissant de liens de complémentarité ne cesse de maintenir entre eux passages, transitions et interférences. La nostalgie des âges d'or révolus débouche généralement sur l'attente et la prédication prophétique de leur résurrection. Il est bien rare inversement que les messianismes révolutionnaires ne nourrissent pas leur vision du futur d'images ou de références empruntées au passé. Le pas est vite franchi, d'autre part, de la dénonciation des complots maléfiques à l'appel au Sauveur, au chef rédempteur ; c'est à celui-ci que se trouve réservée la tâche de débarrasser la Cité des forces pernicieuses qui prétendent étendre sur elle leur domination. Comme le mythe religieux, le mythe politique apparaît comme fondamentalement polymorphe : il faut entendre par là qu'une même série d'images oniriques peut se retrouver véhiculée par des mythes apparemment les plus divers ; il faut également entendre par là qu'un même mythe est susceptible d'offrir de multiples résonances et de non moins nombreuses significations.

Significations non seulement complémentaires, mais aussi souvent opposées. Il n'est aucun des explorateurs de l'imaginaire qui ne manque d'insister sur cette dialectique des contraires qui semble constituer une autre de ses spécificités majeures: polymorphe, le mythe est également ambivalent. Il faut lire par exemple l'admirable série d'ouvrages que Gaston Bachelard a consacrés aux représentations psychologiques des grands éléments naturels [5], et plus particulièrement peut-être *la Terre et les Rêveries du repos,* pour voir jouer le phénomène dans toute l'ampleur et dans toute la diversité de sa thématique. Rêve de refuge, d'accueil, de sécurité, la maison peut devenir l'image du cachot, le symbole de l'oppression carcérale, de l'ensevelissement, voire du tombeau. Le thème de la grotte peut se charger d'effroi aussi bien que d'émerveillement. Le serpent est à la fois objet de dégoût, promesse de fécondité et instrument de séduction. La racine qui aspire pour les porter vers le ciel les sucs de la terre, mais qui grandit au royaume souterrain des morts, est perçue simultanément comme force de vie et force ténébrante... Les possibilités d'inversion du mythe ne font que répondre à la constante réversibilité des images, des symboles et des métaphores.

Le mythe politique n'échappe pas à cette règle. Le thème de la conspiration lui-même n'est pas nécessairement accompagné de seules connotations négatives: l'image du complot démoniaque a pour contrepartie celle de la sainte conjuration. S'il existe une ombre menaçante, il existe aussi une ombre tutélaire et les Fils de Lumière choisissent souvent la nuit pour mener leur combat. Seul le complot semble pouvoir déjouer le complot. Le secret, le masque, le serment initiatique, la communauté d'affidés, l'agissement occulte, bref, tout ce qui est dénoncé et redouté chez l'autre se revêt soudain, retourné contre celui-ci d'un sombre et tout-puissant attrait... Le double légendaire que sécrète quasi obligatoirement l'imaginaire autour de la présence ou de la mémoire du Héros historique témoigne d'un semblable phénomène. Légende dorée ou légende noire, la vénération ou l'exécration s'alimentent aux mêmes faits, se développent à partir de la même trame. Entre les deux versions, entre Napoléon le Grand et l'Ogre de Corse, il n'y a guère qu'une opposition d'éclairage: auréolé de gloire ou cerné de nuées sinistres, c'est en fin de compte le même profil que l'on découvre. L'étrangeté des origines, la rapidité de l'ascension, la volonté dominatrice, la nature des triomphes, l'ampleur des désastres, c'est tout ce qui, dans un cas, contribue à façonner l'image de la grandeur qui, dans l'autre cas, constitue la marque de l'infamie. Les références thématiques sont les mêmes, mais leurs tonalités affectives et morales se trouvent soudain inversées.

Au-delà de son ambivalence, au-delà de sa fluidité, il existe pourtant ce que l'on est en droit d'appeler une logique — une certaine forme de logique — du discours mythique. Celui-ci ne relève en effet ni de l'imprévu ni de l'arbitraire. De même que les images que sécrètent nos rêves ne cessent de tourner dans un cercle assez court, qu'elles se trouvent soumises à certaines lois — assez facilement définissables d'ailleurs — de répétition et d'association, de même les mécanismes combinatoires de l'imagination collective semblent n'avoir à leur disposition qu'un nombre relativement limité de formules. La puissance de renouvellement de la créativité mythique est en fait beaucoup plus restreinte que les apparences pourraient le laisser croire. Si le mythe est polymorphe, s'il constitue une réalité ambiguë et mouvante, il retrouve l'équivalent d'une cohérence dans les règles dont semble relever le déroulement de sa démarche. Celle-ci peut être représentée et se présente effectivement comme une succession ou une combinaison d'images. Mais ni cette succession ni cette combinaison n'échappent à une certaine forme d'ordonnance organique. Elles s'insèrent dans un système, s'inscrivent dans une « syntaxe », pour reprendre le mot de Claude Lévi-Strauss : c'est, en d'autres termes, groupés en séries identiques, structurés en associations permanentes que se présentent les éléments constructifs du récit qu'elles composent. Ainsi le thème du Sauveur, du chef providentiel, apparaîtra-t-il toujours associé à des symboles de purification : le héros rédempteur est celui qui délivre, tranche les liens, terrasse les monstres, fait reculer les forces mauvaises. Toujours associé aussi à des images de lumière — l'or, le soleil ascendant, l'éclat du regard — et à des images de verticalité — le glaive, le sceptre, l'arbre centenaire, la montagne sacrée. De même le thème de la conspiration maléfique se trouvera-t-il toujours placé en référence avec une certaine symbolique de la souillure : l'homme du complot s'épanouit dans les fétidités obscures ; assimilé aux animaux immondes, il rampe et se faufile ; visqueux ou tentaculaire, il répand le poison et l'infection...

Dernier trait spécifique donc du récit mythique : c'est dans un code que l'on est en droit de considérer comme immuable dans son ensemble que celui-ci transcrit et transmet son message. Au regard de l'analyste, le fait ne peut manquer de prendre une particulière importance puisqu'il apparaît du même coup que c'est aussi en fonction d'une même grille que ce message sera susceptible d'être décrypté. Sans doute convient-il de tenir compte du caractère très singulier de cette « syntaxe » associative, comme il convient de tenir compte de l'originalité du complexe psychique dans lequel elle s'insère. De même pourtant que Freud fait reposer son interprétation du rêve sur les « engrenages particuliers » qu'il découvre dans son déroulement, sur « les relations intimes » qu'il parvient à établir entre les éléments apparemment incohérents dont il se compose, de même l'existence reconnue d'une *logique* de l'imaginaire représente-t-elle la chance d'une première prise offerte à l'intelligence critique, d'une première possibilité de lecture proposée à la volonté de compréhension objective. Dans ce déconcertant labyrinthe que constitue la réalité mythique, à celui qui a eu l'audace d'y pénétrer, elle apporte à tout le moins la promesse d'un fil conducteur. Toute la question est évidemment de savoir comment s'en servir, de savoir même comment le saisir.

« C'est un difficile problème qui demande à être traité en lui-même, par lui-même et d'après une méthode qui lui soit spéciale. » Remarquable peut-être par sa prudence, mais tout de même un peu vague dans son contenu positif, l'avertissement est de Durkheim et il concerne précisément l'étude de l'imaginaire mythologique. Il prend de toute évidence une valeur très particulière, et en vérité assez peu encourageante, lorsque celui qui en tente l'aventure est un historien, formé aux seules méthodes de sa discipline d'origine, mal préparé donc aux explorations incertaines menées hors de son territoire habituel. Sans doute, du moins en ce qui concerne l'auteur de cet essai, deux œuvres majeures, restées presque inentamées dans leur force originelle, se dressent-elles devant lui, susceptibles de jouer à la fois les rôles de modèle et de guide : celles — déjà citées — de Gaston Bachelard et de Claude Lévi-Strauss. Le rappel de ces œuvres, leur rapprochement aux premières pages de ce volume ne sont en l'occurrence nullement fortuits. Bien que lues à des dates différentes, et qui peuvent apparaître déjà singulièrement lointaines, elles se situent toutes deux à l'origine de ce livre. D'elles sont venues l'impulsion première, l'ouverture à de nouvelles curiosités, l'incitation à un nouveau type de recherche. Concilier, combiner et peut-être aussi corriger l'une par l'autre la ductilité poétique de Bachelard et la rigueur analytique de Lévi-Strauss, la restitution mélodique et la reconstruction logique, l'ambition a bien longtemps cheminé avant de trouver sa formulation définitive. Elle peut être jugée excessive, elle n'est pas après tout inavouable... Elle ne vaut pourtant que comme déclaration très générale d'intention. Ni Gaston Bachelard ni Claude Lévi-Strauss ne se sont situés à l'intérieur du temps historique, dans le cadre d'un espace chronologique mesuré et daté. Ni l'un ni l'autre, par ailleurs, ne se sont approchés de cette dimension de l'imaginaire, la dimension politique, qui constitue le propre de notre sujet. Éveilleurs exemplaires, il reste en fait à définir les modalités d'adaptation de leur enseignement à une réalité qu'ils ont tous deux négligée.

Les éléments de réponse à ce problème, en effet « difficile », nous reconnaîtrons volontiers les avoir empruntés au livre plus récent, aussi stimulant qu'encore trop peu pratiqué, de Gilbert Durand, les *Structures anthropologiques de l'imaginaire* [6]. (Faut-il d'ailleurs faire remarquer que, bien qu'orientée dans une perspective toute différente de la nôtre, et elle encore de caractère a-historique, l'étude de Gilbert Durand se situe pratiquement sous les mêmes parrainages, au carrefour des mêmes influences?...) La démarche proposée se présente comme une méthode comparative et d'ordre essentiellement pragmatique. En ce qui concerne notre sujet, elle nous conduira à définir en premier lieu les contours de ce que Gilbert Durand appelle des «constellations mythologiques», c'est-à-dire des ensembles de constructions mythiques relevant d'un même thème, rassemblées autour d'un même noyau central. (C'est bien en fonction de quatre de ces «constellations» que se trouve organisé le présent ouvrage.) A l'intérieur de ces ensembles, il conviendra, dans un second temps, de mettre en lumière le réseau des corrélations existantes, de dresser en d'autres termes le tableau des lignes de convergence, d'établir l'inventaire des points de rencontre et des facteurs de similitude. Au-delà des variantes, des diversités possibles de formulation, voire des contradictions apparentes, apparaîtront ainsi, construites à partir des mêmes schémas conducteurs, autour des mêmes archétypes, des mêmes images et des mêmes symboles, ce qu'il sera possible de considérer comme les structures fondamentales de la réalité mythique. Ultime démarche : se poseront alors les problèmes d'interprétation... Et c'est ici, semble-t-il, que l'histoire — histoire des faits sociaux et histoire des mentalités collectives — doit être appelée à reprendre la plénitude de ses droits. Appelée aussi, du moins le croyons-nous, à fournir un élément nouveau de compréhension, à apporter un éclairage original, longtemps et trop souvent négligé.

On ne saurait cependant ignorer que cette intervention risque, et dans son principe même, de provoquer certaines inquiétudes, de susciter à tout le moins certaines interrogations. Inexorablement enchaîné aux lois de l'analyse mythologique, entraîné par là même à privilégier les facteurs de convergence et de permanence, l'historien ne sera-t-il pas conduit à son tour à occulter ou à effacer les disparités d'époque, de lieu et de situation, c'est-à-dire amené en fin de compte à trahir ce qui peut apparaître comme l'essentiel de sa vocation? Ne faut-il pas considérer comme anti-historique par définition un type de démarche qui tend, explicitement ou implicitement, à réduire à l'intemporalité les faits qu'il se propose d'étudier ? Que dire d'une science du passé qui ne s'astreindrait plus à situer prioritairement ses données dans la perspective de la durée, c'est-à-dire de l'évolution et du changement, qui ne s'astreindrait plus d'autre part à les appréhender dans leur spécificité, c'est-à-dire datées et localisées, replacées dans leur contexte chronologique et dans leur environnement géographique et social ? Assimiler par exemple, comme le fait l'historien américain Norman Cohn, aux dernières pages de ses *Fanatiques de l'Apocalypse,* l'avènement du régime nazi aux grandes poussées messianiques de la fin du Moyen Age peut sans doute contribuer à éclairer d'un jour suggestif l'un et l'autre de ces phénomènes [7]. Mais n'est-ce pas aussi risquer, pour chacun d'eux, de passer à côté de ce qui le rend historiquement unique, d'ignorer ou de fausser son originalité et peut-être sa vérité essentielle ?

Interrogations ou mises en garde, ces observations ont en tout cas le mérite de rappeler au respect d'une très élémentaire prudence. En ce qui concerne cet essai — et conscient par ailleurs des limites de notre compétence —, nous croyons en avoir tenu très suffisamment compte en réduisant le champ de nos observations aux deux derniers siècles de notre histoire idéologique : ceux-ci peuvent en effet légitimement apparaître, au regard de l'historien des mentalités et de la sensibilité politiques, comme constituant une sorte de seuil ou de palier culturel, formant en d'autres termes un ensemble chronologique aux frontières assez bien définies et dont on est en droit d'affirmer la cohérence et la continuité. Pour le reste, et sur le plan le plus général, il semble au contraire permis de soutenir que le recours à l'histoire apparaît comme d'autant plus légitime que l'étude de l'imaginaire mythologique s'est en effet trouvée trop souvent enfermée dans la formulation d'une thématique abstraite, affranchie de toute considération de circonstance et de lieu. Ces grandes poussées d'effervescence onirique qui ont, au cours des deux derniers siècles, si fréquemment marqué les mentalités politiques, il relève très précisément de la vocation de l'historien de les replacer dans l'évolution générale d'une société ou d'une civilisation. Il lui appartient de les mettre en rapport avec tel ou tel phénomène de rupture ou de mutation, telle crise ou telle situation d'ordre politique, économique ou social. Il lui appartient également de rechercher quels groupes ou quels milieux en furent les foyers privilégiés. Il lui appartient encore de les suivre dans leur développement ou leur déclin, de les restituer dans la complexité concrètement vécue de leur puissance de fascination. L'étude de ses rêves constitue, pour la connaissance d'une société, un instrument d'analyse dont on ne saurait négliger l'efficacité et l'on voit mal, en vérité, au nom de quels postulats théoriques l'historien se verrait interdire, pour peu que celles-ci contribuent à son intelligence du passé, telle méthode de recherche ou telle forme d'investigation. Se situer à la jonction de deux disciplines, tenter d'enrichir l'une et l'autre par leur mutuelle confrontation, il ne s'agit pas là, en vérité, d'un acte d'une très exceptionnelle audace.

Une autre menace — ou une autre tentation — subsistent cependant, plus redoutables peut-être, en tout cas plus insidieuses. Les mêmes structures mythiques, venons-nous d'écrire, sont susceptibles d'être retrouvées à l'arrière-plan de systèmes idéologiques politiquement les plus divers, voire les plus contradictoires. Ces différences ou ces contradictions, le risque n'est-il pas réel, pour celui qui se veut avant tout sensible au vocabulaire des images, à la succession des représentations oniriques, de les effacer, de les oublier ou de les négliger ? Nous essaierons de montrer par exemple comment, tout au long du siècle dernier, la dénonciation de la conspiration juive et celle du complot jésuite se nourrissent des mêmes thèmes, des mêmes phantasmes, des mêmes obsessions. Cette identité structurelle, si importante soit-elle, doit-elle conduire à négliger la place fondamentalement différente qu'occupent les deux constructions mythologiques dans l'ensemble du système idéologique français, de ses débats et de ses affrontements ? De même une certaine image de l'ancienne France, entretenue par l'école traditionaliste, peut-elle être à bon droit rapprochée — par son opposition aux valeurs de la modernité conquérante, par son évocation nostalgique d'un «temps de l'avant» plus noble, plus heureux et plus fraternel — aussi bien de quelques-unes des aspirations écologiques les plus contemporaines que du modèle de la Cité antique si souvent évoqué par la filiation rousseauiste. Il va de soi cependant qu'en l'occurrence, sur le plan de la spéculation doctrinale aussi bien que sur celui du projet institutionnel, un même système d'organisation mythique ne conduit pas obligatoirement à une vision identique du système politique à établir ou de l'ordre social à instaurer. En bref, reconnaître à l'imaginaire sa place ne signifie nullement lui abandonner la totalité du champ de l'analyse. La focalisation de l'attention sur les phénomènes d'ordre mythique présente, et dans son mouvement même, une virtualité d'entraînement réducteur qu'il serait coupable de ne pas signaler. La constatation a valeur d'avertissement... Cet avertissement, il n'est pas sûr pourtant que l'auteur de ces pages l'ait lui-même suffisamment observé!

Au demeurant, dans cette paradoxale entreprise qui consiste à transcrire l'irrationnel dans le langage de l'intelligible, nous ne dissimulons pas combien risquent de paraître incertains, partiels et incomplets les résultats d'une semblable enquête. La réalité mythique est telle qu'elle échappera toujours, par quelques-uns de ses aspects, à la plus subtile comme à la plus rigoureuse des analyses. C'est un espoir sans doute bien illusoire que de prétendre définitivement transcender l'opposition du rationnel et de l'imaginaire. Nous nous trouvons placés dans un domaine où la seule vraie connaissance serait de l'ordre de l'existentiel: seuls ceux qui vivent le mythe dans l'adhésion de leur foi, dans l'élan de leur cœur et l'engagement de leur sensibilité, se trouveraient à même d'en exprimer la réalité profonde. Vu de l'extérieur, examiné du seul regard de l'observation objective, le mythe risque de ne plus offrir qu'une image fossilisée, desséchée, planche d'anatomie dépouillée de tous les mystères de la vie, cendres refroidies d'un foyer incandescent. Entre les données de l'expérience intérieurement vécue et celles de la distanciation critique, le hiatus subsiste, qu'il est peut-être possible de réduire, qu'il est vain pourtant de rêver de totalement abolir. Le mythe ne peut être compris que s'il est intimement vécu, mais le vivre interdit d'en rendre objectivement compte. Objet d'étude, il tend en revanche à se figer en une succession de données statiques ; il tend également à se vider de son contenu émotionnel, c'est-à-dire de l'essentiel de lui-même.

Constatation en l'occurrence décevante, susceptible cependant d'apporter à l'historien, et au moment même où celui-ci se croit autorisé à faire valoir l'irremplaçable légitimité de sa fonction, une très opportune leçon de modestie. Dans sa volonté de connaître et de comprendre le déroulement à travers le temps de l'aventure humaine, il n'est pas après tout inutile qu'il se souvienne qu'il est des portes qu'il ne pourra jamais forcer, qu'il est des seuils qu'il ne pourra jamais franchir...

La Conspiration

Nous sommes à Prague, vers le milieu du XIXᵉ siècle, parmi les tombes enchevêtrées du vieux cimetière juif. Minuit va bientôt sonner, le silence s'appesantit sur la ville, l'obscurité se fait plus épaisse. Les portes du cimetière se sont entrouvertes ; des ombres s'y glissent furtivement, enveloppées de longs manteaux, puis se regroupent autour d'une pierre tombale. Il s'agit des représentants des douze tribus d'Israël qui, conformément à une coutume millénaire, doivent tous les siècles se concerter en secret sur les moyens mis en œuvre afin d'assurer la plus grande gloire du Peuple Élu. L'un d'entre eux, le plus âgé, le plus vénérable, prend la parole :

> Nos frères ont légué aux élus d'Israël le devoir de se réunir une fois chaque siècle autour de la tombe du Grand Maître Caleb, saint rabbin Siméon-Ben-Jhuda dont la science livre aux élus de chaque génération le pouvoir sur toute la terre et l'autorité sur tous les descendants d'Israël.
>
> Voilà déjà dix-huit siècles que dure la guerre d'Israël avec cette puissance qui avait été promise à Abraham, mais qui lui avait été ravie par la Croix. Foulé aux pieds, humilié par ses ennemis, sans cesse sous la menace de mort, de la persécution, de rapts et de viols de toute espèce, le peuple d'Israël a succombé ; et, s'il est dispersé par toute la terre, c'est que toute la terre doit lui appartenir...

... L'origine de ce récit est à rechercher dans l'un des chapitres d'un médiocre roman, publié à Berlin en 1868 sous le titre de *Biarritz* et signé du pseudonyme de Sir John Retcliffe. (Il s'agissait en vérité d'un fonctionnaire révoqué du service des Postes prussiennes du nom de Goedsche.) Après avoir fait l'objet de diverses publications en Europe orientale, l'épisode, isolé de son contexte romanesque, atteindra le public français dans les années 1880. Un numéro du *Contemporain* du mois de juillet 1881 présente la scène du cimetière juif de Prague comme un fait véridique, connu grâce au témoignage d'un très honorable et très authentique diplomate britannique du nom, légèrement déformé, de Sir John Readclif. Alors que, d'autre part, dans la version primitive, chacun des représentants des douze tribus d'Israël prenait successivement la parole, leurs propos se trouvent désormais fondus en un seul discours. C'est sous cette forme que « le discours du rabbin » se retrouve en France dans l'ouvrage de François Bournaud, *les Juifs nos contemporains,* publié en 1896, en même temps qu'il connaît, et jusqu'aux lendemains de la Première Guerre mondiale, une diffusion internationale sans cesse élargie. Il faut attendre 1933, la première édition suédoise et l'introduction qui la précède pour voir enfin annoncer la mort de Sir John, comme il se doit mystérieusement assassiné [8].

L'ampleur de l'intérêt suscité par ce texte est d'ailleurs à la mesure des révélations qu'il apporte. Il ne s'agit rien de moins en effet que de l'annonce d'un plan méthodique, rigoureusement articulé, de conquête et d'asservissement du globe. « Dix-huit siècles ont appartenu à nos ennemis, proclame le rabbin dans la nuit du cimetière de Prague ; le siècle actuel et les siècles futurs doivent nous appartenir à nous, peuple d'Israël, et nous appartiendront sûrement. » La lutte se déroulera sur le plan économique, politique, social, religieux. Toutes les stratégies seront utilisées, celles de la spéculation financière comme celles de l'accaparement du pouvoir gouvernemental ou de la mainmise sur les moyens d'éducation et d'information. L'évolution même de l'ensemble des institutions et des mœurs, le mouvement de concentration capitaliste aussi bien que le développement de la presse ou le progrès des sciences médicales, contribueront au triomphe de cette immense espérance. «Nous dicterons au monde ce en quoi il doit avoir foi, ce qu'il doit honorer et ce qu'il doit maudire [...] Que tout soit compris, noté et que chaque enfant d'Israël se pénètre de ces vrais principes. Alors notre puissance croîtra comme un arbre gigantesque dont les branches porteront les fruits qui se nomment richesse, jouissance, pouvoir en compensation de cette condition hideuse, qui, pendant de longs siècles, a été l'unique lot du peuple d'Israël.» C'est par ces promesses que s'achève la prophétie du vieux rabbin devant ses compagnons prosternés.

... Autre récit, autre décor. Une rue solitaire à Paris en 1831, dans la grisaille d'un matin d'octobre. Une façade banale «percée de deux croisées garnies d'épais barreaux de fer», une cour étroite et sombre sur laquelle s'ouvre une vaste pièce au sol carrelé. Un mobilier pauvre et triste, quelques chaises, une table, des étagères de bois noirci, mais au milieu desquelles se dresse un imposant planisphère «de quatre pieds de diamètre environ, placé sur un piédestal de chêne massif»: «On remarquait sur ce globe une foule de petites croix rouges disséminées sur toutes les parties du monde; du nord au sud, du levant au couchant, depuis les pays les plus barbares, les îles les plus lointaines, jusqu'aux nations les plus civilisées, jusqu'à la France, il n'y avait pas une contrée qui n'offrît plusieurs endroits marqués de ces petites croix, servant évidemment de points de repère...» C'est dans ce cadre austère que, dès les premiers chapitres du *Juif errant*, Eugène Sue met en scène deux des principaux personnages d'un roman, publié en feuilleton à la veille de la révolution de 1848 et dont les innombrables rebondissements occupèrent durant de longs mois les colonnes du *Journal des Débats*. Le premier de ces personnages, courbé devant la table de travail, est un vieillard au «masque livide» vêtu d'une vieille redingote grise et râpée, au collet graisseux. Humblement il présente à son interlocuteur, homme jeune, élégant, au regard aigu et dominateur, une épaisse liasse de messages parvenus de tous les coins du monde. Dictées d'une voix sèche, les réponses sont aussitôt transcrites en langage chiffré :

> — Don Ramón Olivares accuse de Cadix réception de la lettre numéro 19, il s'y conformera et niera toute participation à l'enlèvement.
> — Bien, à classer...
> — M. Spindler envoie de Namur le rapport secret demandé sur M. Ardouin.
> — A analyser...
> — M. Ardouin envoie de la même ville le rapport secret demandé sur M. Spindler.
> — A analyser...
> — Le Dr Van Ostadt, de la même ville, envoie une note confidentielle sur MM. Spindler et Ardouin.
> — A comparer. Poursuivez.
> — Le comte Malifierri, de Turin, annonce que la donation de trois cent mille francs est signée.
> — En prévenir Duplessis... Ensuite.

Le dialogue se poursuit, devenant de plus en plus lourd de mystère et menace :

> — Le *négociant* annonce que le *commis* est sur le point d'envoyer le *banquier rendre des comptes* devant qui de droit...
> Après avoir accentué ces mots d'une façon particulière, Rodin dit à son maître :
> — Vous comprenez?...
> — Parfaitement, dit l'autre en tressaillant. Ce sont les expressions convenues. Ensuite ?
> — Mais le *commis*, reprit le secrétaire, est retenu par un dernier scrupule.
> Après un moment de silence, pendant lequel ses traits se contractèrent péniblement, le maître de Rodin reprit :
> — Continuer d'agir sur l'imagination du *commis* par le silence et la solitude, puis lui faire relire la liste des cas où le régicide est autorisé et absous... Continuez [...]
> — Depuis trois ans, deux servantes d'Ambrosius, que l'on a placées dans cette petite paroisse des montagnes du Valais, ont disparu sans qu'on sache ce qu'elles sont devenues. Une troisième vient d'avoir le même sort. Les protestants du pays s'émeuvent, parlent de meurtre, de circonstances épouvantables.
> — Jusqu'à preuve évidente, complète du fait, que l'on défende

Ambrosius contre ces infâmes calomnies d'un parti qui ne reculera jamais devant les inventions les plus monstrueuses... Continuez [...]
— Haussmann annonce que la danseuse française Albertine Ducornet est la maîtresse du prince régnant; elle a sur lui la plus complète influence; on pourrait donc par elle arriver sûrement au but qu'on se prépare; mais cette Albertine est dominée par son amant, condamné en France comme faussaire, et elle ne fait rien sans le consulter...
— Ordonner à Haussmann de s'aboucher avec cet homme; si ses prétentions sont raisonnables, y accéder; s'informer si cette fille n'a pas quelques parents à Paris...

Ces deux hommes, qui, dans le silence d'une obscure demeure parisienne, disposent ainsi de la vie et des biens de leurs contemporains, précipitent la décision des gouvernements et la succession des trônes, étendent leur surveillance du Pacifique à la vieille Europe, le lecteur d'Eugène Sue ne tarde pas à apprendre l'origine de leur formidable puissance: le pouvoir dont ils disposent est celui de la Société de Jésus; les innombrables petites croix rouges qui couvrent d'un immense réseau le planisphère qui orne leur refuge correspondent à tous les points de l'univers où la Compagnie a établi ses centres clandestins d'espionnage et de subversion. Et ce n'est pas en vain si, arrêtant un moment de dicter ses instructions, fixant longuement son regard sur le globe, «le maître de M. Rodin» se laisse emporter par un intense mouvement d'orgueil:

Songeant sans doute à l'invisible action de son pouvoir, qui paraissait s'étendre sur le monde entier, les traits de cet homme s'animèrent, sa large prunelle grise étincela, ses narines se gonflèrent, sa mâle figure prit une incroyable expression d'énergie, d'audace et de superbe. Le front altier, la lèvre dédaigneuse, il s'approcha de la sphère et appuya sa vigoureuse main sur le pôle. A cette puissante étreinte, à ce mouvement impérieux, possessif, on aurait dit que cet homme se croyait sûr de dominer ce globe qu'il contemplait de toute la hauteur de cette grande taille et sur lequel il posait sa main d'un air si fier, si audacieux. Alors il ne souriait pas...

... C'est au plus illustre des rivaux d'Eugène Sue, à Alexandre Dumas lui-même, qu'il faut emprunter un troisième récit. Les premières pages de *Joseph Balsamo* nous transportent très loin de la grisaille quotidienne et des secrets feutrés du Paris de Louis-Philippe. En Allemagne, au mois de mai 1770, dans la lumière tragique d'un crépuscule de printemps, au cœur des plus sombres des massifs forestiers qui'bordent la rive gauche du Rhin, un mystérieux voyageur est introduit dans la vaste salle souterraine d'un château abandonné. Des dizaines d'hommes masqués s'y trouvent rassemblés, devant qui l'inconnu accepte de se soumettre à de déconcertantes épreuves, de prononcer d'étranges serments. « Je bois, dit-il, à la mort de tout homme qui trahira les secrets de l'association sainte. » Mais soudain, élevant la voix, l'étranger interrompt l'interrogatoire auquel il se trouve livré. Il n'est rien d'autre, annonce-t-il, que Celui que l'on attend, Celui à qui la Providence a confié la tâche grandiose de déclencher « l'incendie salutaire » qui doit « éclairer le monde ». C'est en France, explique-t-il, que la flamme doit d'abord être portée :

> Un roi vieux, timoré, corrompu, moins désespéré encore que la monarchie qu'il représente, siège sur le trône de France. Quelques années à peine lui restent à vivre. Il faut que l'avenir soit convenablement disposé pour nous pour le jour de sa mort. La France est la clé de voûte de l'édifice ; que les six millions de mains qui se lèvent à un signe du cercle suprême déracinent cette pierre et l'édifice monarchique s'écroulera, et le jour où l'on saura qu'il n'y a plus de roi en France, les souverains de l'Europe, les plus insolemment assis sur leur trône, sentiront le vertige leur monter au front, et d'eux-mêmes ils s'élanceront dans l'abîme qui aura creusé ce grand écroulement du trône de Saint Louis.

La scène prend désormais toute sa signification. Les hommes masqués rassemblés sous les voûtes souterraines du vieux *burg* sont venus de toutes les régions du monde occidental ; tous les États, tous les royaumes, toutes les principautés se trouvent représentés. Le but qui les réunit est simple, mais grandiose : précipiter la destruction du vieil ordre monarchique et chrétien, préparer l'avènement du règne universel de la Liberté et de l'Égalité. Ce que leur propose celui qu'ils ont maintenant reconnu pour maître n'est rien d'autre qu'un plan ordonné et systématique de subversion. Vingt ans seront nécessaires pour sa réalisation :

Je vous le dis, philosophes, économistes, idéologues, je veux que dans vingt ans ces principes que vous murmurez à voix basse au foyer de la famille, que vous écrivez l'œil inquiet à l'ombre de vos vieilles tours, que vous vous confiez les uns aux autres, le poignard à la main, pour frapper du poignard le traître ou l'imprudent qui répéterait vos paroles plus haut que vous ne les dites; je veux — ces principes — que vous les proclamiez tout haut dans la rue, que vous les imprimiez au grand jour, que vous les fassiez répandre dans toute l'Europe par des émissaires pacifiques, ou au bout des baïonnettes de cinq cent mille soldats qui se lèveront, combattants de la liberté avec ces principes inscrits sur leurs étendards. [...] Eh bien, tout cela ne peut se faire qu'après la mort, non pas du monarque, mais de la monarchie, qu'après le mépris des pouvoirs religieux, qu'après l'oubli complet de toute infériorité sociale, qu'après l'extinction enfin des castes aristocratiques et la division des biens seigneuriaux. Je demande vingt ans, c'est-à-dire vingt secondes de l'éternité.

Les fils de la Conjuration sont noués. Chacun des affidés connaît maintenant le rôle qui lui est imparti et la trame générale dans laquelle ce rôle se trouve inscrit. Jusqu'à l'entêtement de la future reine Marie-Antoinette, jusqu'à la faiblesse du futur Louis XVI, tous les facteurs du drame immense qui se prépare sont prévus, combinés, ordonnés en vue de leur méthodique exploitation. L'enchaînement des faits qui va conduire à la Révolution française, puis diriger celle-ci jusqu'à son ultime aboutissement, est déjà inscrit dans le destin. La logique de la manipulation se voit substituée à l'imprévisibilité des accidents de l'histoire. Dans le secret du complot, un metteur en œuvre inconnu va disposer des événements en fonction d'un plan préétabli dont lui seul connaît l'inexorable dénouement.

LA LUTTE POUR LA DOMINATION DU MONDE

Trois récits, trois organisations occultes, trois complots : le complot juif, le complot jésuitique et le complot maçonnique. On sait comment, et avec quelle force, le spectre de chacun de ces complots n'a cessé de hanter l'imaginaire politique de notre siècle et de celui qui l'a précédé. On connaît aussi l'immense littérature, de tous genres et de tous niveaux, qu'a suscitée leur dénonciation, le long sillage de violence, de passion et de haine laissé derrière elle.

Le rapprochement entre les trois textes précédemment cités trouve toute sa légitimité dans le fait que chacun de ceux-ci apparaît, à cet égard, comme historiquement chargé d'une valeur illustrative particulièrement suggestive. « Le discours du rabbin » constitue l'une des sources essentielles, il faudrait presque dire la première des versions d'un document primordial dans l'histoire idéologique contemporaine, en l'occurrence les *Protocoles des Sages de Sion :* on sait que ce faux, fabriqué dans les toutes dernières années du XIXe siècle par divers services de la police tsariste, connut, avant la Première Guerre mondiale et surtout entre les deux guerres, une prodigieuse diffusion, atteignant à certains moments des tirages qui semblent avoir égalé ceux de la Bible elle-même. *Le Juif errant* d'Eugène Sue ne s'inscrit pas seulement, de son côté, dans la ligne d'une certaine polémique anticléricale inséparable de l'histoire de la France de la Restauration et de la monarchie de Juillet ; ce sont quelques-uns des thèmes présentés, cinq années environ avant sa publication, par Michelet et Quinet dans leur livre sur les *Jésuites* qu'il reprend, illustre et développe [9]. Quant au prologue de *Joseph Balsamo,* il ne fait guère que transposer sur le plan du romanesque populaire les thèses développées dès 1797 par l'abbé Barruel dans les cinq tomes de ses *Mémoires pour servir à l'histoire du jacobinisme* [10]. Pour Barruel la genèse et la conduite de la Révolution française étaient essentiellement attribuables aux agissements de la franc-maçonnerie, héritière d'une longue tradition de haine à l'égard de la Monarchie et de l'Église — la franc-maçonnerie se trouvant d'ailleurs elle-même dirigée pour la circonstance par une secte particulière, celle des Illuminés de Bavière, qui s'étaient emparés de son contrôle. « Dans cette révolution française, écrivait Barruel, tout, jusqu'à ses forfaits les plus épouvantables, tout a été prévu, médité, combiné, résolu, statué : tout a été l'effet de la plus profonde scélératesse, puisque tout a été préparé, amené par des hommes qui avaient seuls le fil des conspirations longtemps ourdies dans des sociétés secrètes, et qui ont su choisir et hâter les mouvements propices aux complots. »

Relevant d'un même genre littéraire — le roman-feuilleton tel qu'il fut conçu et pratiqué au cours du siècle dernier —, s'adressant à un même public épris d'aventure et de sensationnel, les trois récits en question constituent surtout un répertoire privilégié de thèmes, d'images et de références. Également présents dans des textes d'une autre nature ou d'un autre genre, mais sous une forme sans doute moins évidente, plus discrète ou plus diluée, ces thèmes, ces images et ces références, simplifiées, amplifiées, s'imposent ici avec une netteté sans équivoque. Très au-delà de la diversité ou des contradictions de l'inspiration idéologique dont ils dérivent plus ou moins directement, leur rapprochement fait en tout cas apparaître une étonnante identité de structure. Un même ensemble mythologique se dégage, cohérent dans son architecture, immuable dans le tracé essentiel de ses lignes de force. Une grille de lecture peut être ainsi construite, dont l'application peut d'ailleurs être étendue à tout ce qui relève du légendaire du complot. Les sombres desseins du D^r No, démasqués par James Bond dans la plus célèbre série du roman contemporain d'espionnage, s'intègrent dans ce schéma au même titre qu'une masse considérable de récits d'aventures ou de films d'espionnage. Les variantes narratives sont innombrables, susceptibles de se situer dans l'espace aussi bien que dans le temps. Elles restent cependant très secondaires par rapport à la permanence d'une même construction morphologique.

Grand Sanhédrin de la Juiverie universelle, Compagnie de Jésus ou Loges maçonniques, au centre de la mythologie du Complot s'impose d'abord l'image, redoutable et redoutée, de l'Organisation. Le secret constitue la première de ses caractéristiques. Tous ceux qui, sous une forme ou sous une autre, prétendent en relater les activités ou en dénoncer les méfaits insistent sur les difficultés qu'ils ont rencontrées, souvent aussi sur les dangers qu'ils ont courus pour en percer les mystères. Les affidés sont liés entre eux par le serment du silence, et un châtiment inexorable ne saurait manquer de frapper celui qui s'aviserait de le trahir. Des cérémonies initiatiques, un rituel compliqué et obscur marquent presque toujours l'intronisation dans la secte. Les lieux choisis pour les réunions et les conseils doivent leur assurer, soit par leur déconcertante banalité, soit par leurs difficultés d'approche, une totale clandestinité. Dressés, selon l'abbé Barruel, à une véritable pédagogie du secret, les hommes du Complot seront avant tout « instruits à se cacher ». La pratique des mots de passe, l'usage des signes convenus de reconnaissance, le maniement des codes chiffrés périodiquement renouvelés consacrent leur initiation. « Toutes les instructions, précise encore Barruel, à propos des Illuminés de Bavière, se transmettaient ou dans un langage initiatique, ou par un chiffre spécial ou par des voies secrètes. De crainte qu'un faux frère ou même qu'un maçon étranger à l'inspection du Grand-Orient ne se mêlât aux vrais adeptes sans être connu, il était un mot d'ordre spécial, changeant tous les semestres et régulièrement envoyé par le Grand-Orient à toute loge de son inspection... »

Protégée des regards extérieurs par la loi du secret, l'Organisation s'impose d'autre part par la rigueur de son cloisonnement interne et de sa structure hiérarchique. La forme sous laquelle elle se présente le plus souvent est celle d'une pyramide aux échelons successifs et strictement compartimentés : à chaque échelon nouvellement gravi correspond, pour l'homme du complot, un degré supplémentaire de connaissance, d'autorité et de responsabilité. Au sommet, là où aboutissent les fils de toutes les intrigues et d'où partent tous les mots d'ordre, siège une autorité souveraine, définie à la fois comme implacable et invisible. « Les hauts grades, écrit l'abbé Barruel, doivent toujours être inconnus aux grades inférieurs. On reçoit plus volontiers les ordres d'un inconnu que ceux des hommes dans lesquels on reconnaît peu à peu toutes sortes de défauts. Avec cette ressource on peut mieux observer ses inférieurs. Ceux-ci font plus d'attention à leur conduite, lorsqu'ils se croient environnés de gens qui les observent... » Il se peut même que derrière la façade d'un premier pouvoir nominal, officiellement établi, un autre se dissimule, plus secret encore, plus inaccessible et plus absolu : telles ses « arrière-loges », dont une large fraction de la littérature antimaçonnique du siècle dernier dénonce la présence au-delà des structures encore trop apparentes de l'organisation ; tels également ces « princes d'Israël » ou ces « hauts chefs juifs » qui, selon certains interprètes de l'antisémitisme français de la Belle Époque, se sont emparés du contrôle même de la maçonnerie et dominent maintenant l'ensemble de ses réseaux. Ignorante de ces mystères, rompue aux seuls principes de l'obéissance passive, tenue par le caractère irrémédiable des serments prononcés, la masse des affidés n'apparaît plus que comme un immense mécanisme, aux rouages strictement agencés, où la personnalité se dissout, l'individu se perd.

> Quelle puissance nous avons [s'écrie, dans un étonnant éclat d'exaltation, l'un des maîtres jésuites, mis en scène par Eugène Sue]. Vraiment je suis toujours saisi d'un mouvement d'admiration presque effrayé en songeant qu'avant de nous appartenir l'homme pense, voit, croit, agit à son gré... et lorsqu'il est à nous, au bout de quelques mois, de l'homme il n'a plus que l'enveloppe : intelligence, esprit, raison, conscience, libre arbitre, tout est chez lui paralysé, desséché, atrophié par l'habitude d'une obéissance muette et terrible, par la pratique de mystérieux exercices qui brisent et tuent tout ce qu'il y a de libre et de spontané dans la pensée humaine. Alors à ces corps privés d'âme, muets, mornes, froids, nous insufflons l'esprit de notre ordre ; aussitôt les cadavres marchent, voient, agissent, exécutent machinalement la volonté, mais dont ils ignorent les desseins, ainsi que la main exécute les travaux les plus difficiles sans connaître, sans comprendre la pensée qui la dirige...

L'homme qui parle ainsi est celui-là même qui, aux premiers chapitres du roman, avait étendu ses mains avides au-dessus d'un planisphère constellé de croix rouges. Au-delà de la diversité des principes qui lui sont attribués, de la foi qui est censée l'animer, l'Organisation poursuit en effet un même et prodigieux dessein : la domination du monde, la mainmise sur les princes et sur les peuples, l'établissement à son profit d'un pouvoir de dimension mondiale. Quelles que soient la nature et l'apparente motivation de la conspiration — complot jésuitique ou complot maçonnique, complot de marchands de canons ou complot de savants illuminés —, il s'agit toujours, pour ceux qui en tiennent les fils, et de répondre à une inextinguible volonté de puissance, et de reprendre le rêve éternel de l'édification d'un Empire étendu à l'échelle universelle, de l'unification du globe sous une seule et totale autorité. « Il fait vœu d'obéissance pour régner, écrit Michelet du séide de la Compagnie de Jésus, pour être pape avec le pape, pour avoir sa part du grand royaume des jésuites répandu dans tous les royaumes. » Mais le pseudo-grand rabbin de Prague est plus explicite encore qui réclame le pouvoir sur toute la terre, « comme cela avait été promis à notre père Abraham ». « Si le peuple d'Israël, affirme-t-il, s'est dispersé sur toute la terre, c'est que la terre doit lui appartenir. » Prophétie que reprennent et que précisent les Sages de Sion dans leur Troisième Protocole, saluant le proche avènement du « roi despote du sang de Sion que nous préparons pour le monde ». « Je puis aujourd'hui vous annoncer que nous sommes déjà près du but. Encore un peu de chemin, et le cercle du Serpent symbolique, qui représente notre peuple, sera fermé. Quand ce cercle sera fermé, tous les États d'Europe y seront enserrés comme dans un étau... »

Au service de cet objectif immense tous les moyens sont bien évidemment déclarés légitimes. Et tous sont en effet utilisés ; les premiers étant ceux de l'espionnage et de la délation. C'est encore l'un des personnages d'Eugène Sue, jésuite de haut rang, qui n'hésite pas à dire sa fierté, « la splendide jouissance » qu'il éprouve, d'appartenir à « cette milice noire et muette » qui d'un signe se disperse à la surface du globe : « On se glisse doucement dans le ménage par la confession de la femme et par l'éducation des enfants, dans les intérêts des familles par les confidences des mourants, sur le trône par la conscience inquiète d'un roi trop crédule... » Mais « l'esprit de police et de délation », tel est aussi, selon Michelet, le principe essentiel sur lequel repose la redoutable puissance de la Compagnie : « La trahison au foyer, la femme espion du mari, l'enfant de la mère... Nul bruit, mais un triste murmure, un bruissement de gens qui confessent les péchés d'autrui, qui se travaillent les uns les autres et se rongent tout doucement... Police et contre-police. Le confesseur même espionné par sa pénitente pour lui poser des questions insidieuses... » De même le grand rabbin de Prague recommande-t-il à ses coreligionnaires de se faire avocats ou médecins afin de mieux pouvoir capter « les plus intimes secrets » des familles. De même encore, selon les témoignages qu'il prétend avoir recueillis de transfuges repentis, l'abbé Barruel dénonce-t-il dans l'apprentissage de l'espionnage l'un des aspects premiers de l'éducation maçonnique :

> Chez les Illuminés, l'objet des premiers grades est tout à la fois de former leurs jeunes gens et d'être instruits à force d'espionnage de tout ce qui se passe. Les supérieurs cherchent à obtenir de leurs inférieurs des actes diplomatiques, des documents, des titres originaux. Ils les voient toujours avec plaisir se livrer à toute sorte de trahison, partie pour profiter des secrets trahis, partie pour tenir ensuite les traîtres mêmes dans une crainte continuelle en menaçant de découvrir leur trahison.

« Ils font tous les efforts possibles, précise toujours Barruel, pour que tous les bureaux des Postes, en tout pays, ne soient confiés qu'à leurs adeptes. Ils se vantent aussi d'ouvrir les lettres et de les refermer, sans qu'on s'en aperçoive... » Ainsi un gigantesque réseau de contrôle et de renseignement s'étend-il sur l'ensemble du corps social. Premier objectif visé, le pouvoir politique reste bien entendu le terrain privilégié de ce qui ne peut manquer d'apparaître comme une entreprise systématique d'investissement et de manipulation. Depuis longtemps déjà, et bien avant Michelet et Eugène Sue, les jésuites étaient réputés pour leur habileté à s'insinuer dans la confiance des princes et des puissants de ce monde, choisissant leurs maîtresses, fournissant leurs confesseurs, peuplant de leurs créatures leurs cours et leurs conseils. De même, est-ce dès la fin du XVIIIᵉ siècle que Barruel et ses premiers émules dénoncent dans la franc-maçonnerie une action méthodique de conquête et de colonisation de tous les rouages de l'État. « Quand parmi nos adeptes, fait dire Barruel à Weishaupt, chef des Illuminés de Bavière, il se trouve un homme de mérite, mais peu connu et même entièrement ignoré du public, n'épargnons rien pour l'élever, pour lui donner de la célébrité. Que nos Frères inconnus soient avertis d'enfler partout en sa faveur les trompettes de la renommée... » Mais au fur et à mesure que s'amplifie, dans le courant du siècle dernier, l'image de la conspiration, qu'un discours de plus en plus répétitif, qu'une littérature de plus en plus nombreuse l'imposent à la conscience des masses, le champ attribué à la manipulation ne cesse apparemment de se développer. La stratégie de la manipulation se fait en d'autres termes multidimensionnelle. L'appareil politique et administratif ne constitue plus son seul enjeu. Celui-ci s'élargit à tous les domaines de la vie collective, qu'il s'agisse des mœurs, de l'organisation familiale aussi bien que du système éducatif ou des mécanismes économiques.

Particulièrement significatives à cet égard, dans ce véritable traité de la guerre dans la foule que constitue en fin de compte le discours du rabbin de Prague complété par le texte des *Protocoles,* l'importance accordée aux moyens d'information et l'insistance mise sur la nécessité de s'assurer de leur contrôle. « La littérature et le journalisme sont les deux forces éducatrices les plus importantes », pose en principe le Douzième Protocole. Il conviendra donc que, grâce à leur puissance financière, les hommes de la secte s'emparent progressivement de l'ensemble des organes de presse. Il conviendra ensuite que, par l'espionnage et le chantage, l'ambition ou la crainte, ils disposent de la totale docilité des salles de rédaction. Rien apparemment ne sera changé dans la diversité des titres et la pluralité des tendances. Pour n'être pas apparent le conditionnement des esprits n'en sera que plus efficace : « Tous les journaux édités par nous, précise le texte des *Protocoles,* seront en apparence de tendances et d'opinions opposées, ce qui attirera à eux nos adversaires sans méfiance... Ils auront, comme le dieu hindou

Vishnou, cent mains qui conduiront l'opinion dans la direction qui conviendra à notre but... » « Les imbéciles, conclut le texte, qui croiront répéter l'opinion du journal de leur parti, répéteront notre opinion ou celle qui nous plaira. Ils s'imagineront qu'ils suivent l'organe de leur parti et ils suivront, en réalité, le drapeau que nous arborerons pour eux... » En bref, le vieux rêve est aujourd'hui accessible d'un asservissement total des intelligences et des âmes. Les moyens de sa réalisation se trouvent rassemblés, le mode d'emploi en est donné.

Également significatives les pratiques préconisées dans les mêmes textes qui n'ont d'autre objectif que celui d'un total accaparement de la richesse publique. Il ne s'agit pas en l'occurrence d'un trait particulier de la conspiration juive : les jésuites notamment se sont toujours vu attribuer l'art de capter les héritages, de détourner à leur profit, par confesseurs interposés, les testaments des mourants. Mais, dans le discours du rabbin comme dans les *Protocoles,* les moyens décrits sont d'une tout autre ampleur. Il convient d'abord de maintenir un contrôle rigoureux sur l'ensemble du système bancaire comme sur la totalité des mécanismes d'investissement de l'Occident européen, le but étant que « partout, sans les fils d'Israël, sans leur influence immédiate, aucune opération financière, aucun travail important ne puisse s'exécuter ». Il convient en second lieu de se rendre acquéreur de tous les marchés et surtout de tous les emprunts d'État, ces emprunts que « tous les empereurs, rois et princes régnants », obérés de dettes de plus en plus lourdes, se voient contraints de multiplier « afin de soutenir leurs trônes chancelants ». La mainmise progressive sur la propriété foncière et la richesse immobilière doit venir enfin compléter le dispositif : « L'agriculture restera toujours la grande richesse de chaque pays... Il suit de là que nos efforts doivent tendre aussi à ce que nos frères en Israël fassent d'importantes acquisitions territoriales. Nous devons donc, autant que possible, pousser au fractionnement de ces grandes propriétés, afin de nous en rendre l'acquisition plus prompte et plus facile... » Le rabbin de Prague peut l'annoncer en toute certitude : alors viendra le jour où, nous étant « rendus les uniques possesseurs de tout l'or de la terre, la vraie puissance passera entre nos mains ».

Une dernière stratégie reste pourtant à être mise en œuvre, aux multiples combinaisons et que les hommes du Complot ont toutes apprises à manier : celle de la corruption, de l'avilissement des mœurs, de la désagrégation systématique des traditions sociales et des valeurs morales. L'enfant, surtout lorsqu'il appartient aux catégories dominantes du corps social, en constitue de toute évidence l'objectif privilégié. On ne tentera pas seulement d'agir sur son intelligence, ses lectures, ses habitudes de penser et de sentir. Pour mieux s'assurer de sa fidélité ou de sa docilité, on ne reculera pas dans certains cas devant une entreprise délibérée de dissolution moraie. Les « agents » placés auprès de lui, domestiques, gouvernantes, précepteurs, l'inciteront peu à peu à répudier les conceptions habituelles du bien et du mal ; ils cultiveront ses vices, lui en inculqueront d'autres, le pousseront à cette « débauche précoce », telle que la recommande, pour les fils des non-juifs, le Premier Protocole. (A l'intérieur du grand débat scolaire du siècle dernier, on ne saurait d'ailleurs négliger le rôle joué dans l'opinion publique française par le thème, inlassablement repris, de la perversion de l'Enfance. Dans les deux camps opposés, l'institution rivale, collège religieux ou lycée napoléonien, est également dénoncée comme un « foyer de pestilence », une école de vice et de corruption...) Quant aux mœurs de la société adulte, c'est sur « la Femme » que l'on va, semble-t-il, essentiellement compter pour parachever leur dislocation. Habilement mise au service de l'Organisation, non moins habilement poussée dans les bras des puissants de ce monde, c'est à elle que reviendra la tâche de briser les foyers, de déchirer les familles. A elle aussi le soin de les conduire à la ruine par ses caprices, ses fantaisies et ses exigences.

> Le retour de la tête du Serpent à Sion [c'est-à-dire le triomphe définitif d'Israël], affirme le Vingt-quatrième Protocole, ne pourra avoir lieu que [...] lorsque la démoralisation spirituelle et la corruption morale [...] régneront partout avec l'aide des juives camouflées en Françaises, Italiennes, etc. Ces dernières sont les

meilleurs instruments de la dépravation des hommes qui dirigent les diverses nations. Les femmes au service de Sion servent d'hameçon à ceux qui, par leur faute, ont de constants besoins d'argent, et qui sont donc toujours prêts à mettre en vente leurs consciences. En réalité, les juifs ne font qu'avancer cet argent, qu'ils récupèrent rapidement grâce à ces femmes; mais, de ce fait, les hommes corrompus de la sorte deviennent des esclaves de Sion.

Ainsi se trouvent reliés tous les fils de la manipulation. A la corruption par l'or correspond la corruption par le sang. Face à la volonté conquérante et disciplinée de l'Organisation ne se dressera plus qu'une masse avilie, divisée et hagarde, dépossédée de ses biens comme de sa dignité, atteinte aux sources les plus profondes de la vie.

L'EMPIRE DES TÉNÈBRES

« Nous voici descendus bien bas, bien loin dans la mort... Il se fait de grandes ténèbres. » Les mots sont de Michelet et ils s'appliquent aux jésuites, à leurs desseins et à leurs manœuvres. Il n'est pas cependant de complot dont la découverte ne se présente comme une descente progressive loin de la lumière, là où les ombres se font de plus en plus denses. C'est la nuit que les conjurés choisissent le plus souvent pour se rassembler et avec le lever du jour qu'ils se dispersent. C'est enveloppés de vêtements sombres que les représente généralement la très abondante imagerie qui leur est consacrée. «Les hommes noirs», l'expression désigne une fois encore les jésuites pour toute l'opinion libérale du début du siècle dernier. « Hommes noirs, d'où sortez-vous ? », interroge l'une des plus célèbres chansons de Béranger. La réponse vient aussitôt : « Nous sortons de dessous terre. » Le souterrain, ou son équivalent, crypte, caveau, chambre close, joue en effet, dans le légendaire symbolique de la conspiration, un rôle toujours essentiel. C'est dans une salle souterraine, dont les issues soigneusement dissimulées s'ouvrent au ras du sol, qu'Alexandre Dumas rassemble, aux premières pages de *Joseph Balsamo,* les conjurés qui se proposent de renverser le vieil ordre monarchique. La polémique anticléricale de la Restauration accusera les jésuites de percer de galeries souterraines le sous-sol parisien et d'y accumuler des armes et des explosifs. Trois quarts de siècle plus tard, une certaine presse antisémite dénoncera dans le creusement du métropolitain parisien une entreprise du complot juif visant à faire planer sur la capitale tout entière une menace permanente de destruction. A l'arrière-plan émotif de chacun de ces récits, jamais ne cesse d'être sentie la présence d'une certaine angoisse, celle des trappes brusquement ouvertes, des labyrinthes sans espoir, des corridors infiniment allongés et de leurs dures parois, impénétrables et lisses.

C'est avec l'ombre, d'autre part, que commence le domaine du non-connaissable, du non-identifiable, celui où les mots familiers ont perdu tout pouvoir pour désigner une réalité qui se dérobe à leur prise. Hommes de l'ombre, les hommes du Complot échappent par définition aux règles les plus élémentaires de la normalité sociale. Ils constituent à l'intérieur de toute communauté consciente de sa cohérence un corps exogène obscurément soumis à ses propres lois, n'obéissant qu'à ses propres impératifs ou à ses propres appétits. Surgis d'autre part ou de nulle part, les séides de la conspiration incarnent l'Étranger au sens plein du terme. « Qui êtes-vous bonnes gens ? et d'où venez-vous, interpelle Michelet dénonçant la conspiration jésuitique. Par où êtes-vous passés ? La sentinelle de France ne veillait pas bien cette nuit à la frontière, car elle ne vous a pas vus... Gens qui voyagez la nuit, je vous ai vus le jour ; je ne me souviens que trop de ceux qui vous amenèrent : c'était en 1815 ; votre nom... c'est l'étranger. » Revenus en France en 1815 dans les fourgons des armées ennemies, les jésuites ont été, d'après Michelet, les premiers bénéficiaires de la trahison, de la défaite et de l'invasion. Étroitement soumis, d'autre part, à une autorité extérieure à toute souveraineté nationale, agents d'une puissance de caractère supra-étatique et de dimension universelle, ils constituent un danger permanent pour la sécurité et l'indépendance de la patrie. «Ou le jésuitisme, écrit-il, doit abolir l'esprit de la France, ou la France doit abolir le jésuitisme...» Mais les mêmes thèmes vont se retrouver, démesurément amplifiés, quelques dizaines d'années plus tard, à la fin du XIXᵉ siècle, dans l'immense littérature de dénonciation du «complot judéo-maçonnique». Juifs et francs-maçons vont représenter à leur tour le «parti de l'étranger», l'incarnation même de ce que l'on va prendre l'habitude de désigner du terme d' «Anti-France». La formule doit être comprise en l'occurrence comme chargée de tout un poids, et singulièrement lourd, de frayeurs ancestrales. Jésuites, juifs et francs-maçons ne sont pas seulement appréhendés comme les agents d'exécution privilégiés des desseins hostiles de certains États rivaux. La menace qu'ils représentent est celle qui n'a jamais cessé de hanter les rêves des cités paisibles. Celle du vagabond, du nomade qui rôde autour des maisons heureuses («Une invasion de gens, dit Michelet, qui ont passé un à un»). Celle du voyageur sans nom qui porte avec lui la maladie ou l'épidémie, dont l'arrivée fait pourrir les moissons et périr le bétail. Celle de l'intrus qui s'introduit dans les foyers prospères pour y apporter le trouble et la ruine. L'insécurité et la peur commencent avec le passage des inconnus qui errent dans la nuit.

Mais c'est dans l'ombre aussi que se réfugient les bêtes immondes, de l'ombre qu'elles surgissent. Immuable, permanent à travers l'énorme masse de ses représentations iconographiques et de ses expressions littéraires, il existe un bestiaire du Complot. Il rassemble tout ce qui rampe, s'infiltre, se tapit. Il rassemble également tout ce qui est ondoyant et visqueux, tout ce qui est censé porter la souillure et l'infection : le serpent, le rat, la sangsue, le poulpe, la pieuvre... Au centre de ce grouillement repoussant, agile, noire, vorace et velue, l'araignée constitue apparemment l'image symbolique privilégiée entre toutes : elle tend ses pièges avec une patience infinie, enveloppe sa victime de ses fils, l'engloutit avec lenteur. «Beau spectacle, n'est-ce pas, ricane l'un des plus effrayants héros jésuitiques mis en scène par Eugène Sue... Un vilain petit animal noirâtre, tendant fil sur fil, renouant ceux-ci, renforçant ceux-là, en allongeant d'autres, vous haussez les épaules? soit. Mais revenez deux heures après; que trouvez-vous? Le petit animal noirâtre bien gorgé, bien repu, et dans sa toile une douzaine de folles mouches si enlacées, si garrottées que le petit animal n'a plus qu'à choisir à son aise l'heure et le moment de sa pâture.» On est en droit de parler en l'occurrence de ce phénomène bien souvent décrit par les ethnologues et qui est celui de l'assimilation ou de la réduction à l'animalité. Le personnage finit par se trouver totalement et réellement identifié avec le masque à figure de bête qui lui a été symboliquement attribué [11].

C'est d'une même constante obsession que semble d'ailleurs relever cette terrifiante accumulation de références animales : celle d'une bouche monstrueuse, toujours avide, toujours dévorante. Une bouche mâchoire qui broie, transperce et déchire, mais aussi une bouche ventouse qui suce et qui aspire. Une bouche assoiffée de sang qui s'acharne aux sources de la vie, s'en abreuve et les tarit. Ainsi, comme dans un rêve d'épouvante, Octave Mirbeau voit-il se transformer devant lui la main du baron Gustave de Rothschild qu'il aperçoit, étendue sur le rebord d'une loge, au cours d'une soirée à l'Opéra — «main de proie, dont les doigts s'agitaient pareils à des tentacules de pieuvre». «Cette main, écrit-il, était terrible. En la regardant il semblait qu'elle s'allongeait, qu'elle grossissait démesurément... J'imaginai que la France était là, sur la scène, couchée parmi des ruines, belle, pâle et souffrante. Et je vis cette main s'approcher d'elle, se poser sur elle, et, lentement, l'enlaçant de ses mille suçoirs et de ses mille ventouses, pomper le sang tout chaud de ses veines qui se dégonflaient avec des bruits de bouteille qu'on vide.»

Hantise de l'engloutissement buccal dont les récits consacrés à la description des «meurtres rituels» attribués aux plus puissants ou plus fidèles parmi les juifs (et ces récits sont en nombre non négligeable dans la France de la fin du XIXe siècle) constituent sans doute le témoignage le plus significatif. Selon l'abbé Desportes par exemple, auteur d'un ouvrage publié en 1889 et intitulé *le Mystère du sang chez les juifs de tous les temps* [12], les veines de la victime de ces cérémonies périodiques d'immolation sont ouvertes par de multiples incisions afin que « le sang en jaillisse comme d'une éponge qu'on presse ». Recueilli dans une urne, ce sang est alors partagé entre les présents et bu au milieu des chants d'allégresse. Une partie du précieux liquide est parfois utilisée pour la fabrication du pain azyme ; parfois encore une autre partie se trouve mise en réserve par chacun des sacrificateurs pour servir à de hideuses libations familiales. Dans son déroulement traditionnel et jusque dans ses moindres détails, c'est en fait à un authentique festin de vampires que l'abbé Desportes semble inviter son lecteur. L'absorption périodique de sang humain n'apparaît pas comme relevant du caprice ou de l'accident individuel. Elle constitue un impératif quasi biologique auquel le peuple hébreux ne saurait se soustraire sans compromettre les conditions mêmes de sa propre survie. « C'est à tout prix, précise l'abbé Desportes, que les juifs doivent se procurer du sang chrétien. » « Les juifs ont absolument besoin de sang chrétien », insiste-t-il quelques lignes plus loin.

Il n'est pas, d'autre part, sans signification supplémentaire qu'à la dénonciation des pratiques criminelles des hommes du Complot vienne fréquemment s'ajouter celle des sévices sexuels infligés à leurs victimes. Une longue tradition fait des jésuites des spécialistes avertis de la flagellation, toujours prompts à satisfaire leurs penchants et à exercer leurs talents sur les plus charmants des adolescents confiés à leur compétence éducative [13]. Par la voix de Béranger, les « hommes noirs » l'avouent sans vergogne : « C'est nous qui fessons et qui refessons les jolis petits garçons. » Le ton s'éloigne de tout badinage lorsque certains auteurs de la fin du XIXe siècle, spécialistes du combat antimaçonnique, évoquent « la hideuse lubricité » des foules révolutionnaires, encadrées et dirigées comme il se doit par les agents de la secte. Mais c'est avec le récit des meurtres rituels juifs que se trouve atteint le fond de l'horreur dans la perversité. Les victimes de prédilection en sont en effet de très jeunes garçons, ou à défaut des jeunes filles dont le rapt a été au préalable méticuleusement préparé. «La victime choisie, commente l'abbé Desportes, doit être sans tache et sans péché», le sang répandu «pur de tout mélange et de tout contact mauvais»; ainsi, poursuit-il, «quel que soit l'âge des enfants sacrifiés, tombent-ils toujours sous le couteau rabbinique avant que l'orage des passions ait ébranlé leur cœur et fait frissonner leurs muscles». Avant d'être vidée de son sang, la victime sera pourtant flagellée (l'abbé montre les morsures du fouet laissant leurs marques sur les chairs «tendres et roses») et, s'il s'agit d'un jeune garçon, odieusement émasculée. «Une autre blessure, enseigne toujours l'abbé, se rencontre fréquemment dans les assassinats talmudiques, c'est celle qui consiste à souiller, à déchirer et à dévaster les parties viriles de la victime. Quand on trouve un cadavre d'enfant avec ce stigmate, on peut presque toujours conclure que le couteau de la synagogue s'est acharné sur ces restes sanglants...»

Celui qui a fait des ténèbres son royaume, celui qui s'empare des enfants dans la nuit, qui porte avec lui le poison et la corruption, celui dont le visage inconnu peut prendre la forme d'une bête... Parvenue à ce degré d'intensité dans l'horreur, cette longue litanie accusatrice ne fait guère que reprendre, pour l'essentiel, les termes, bien plus anciens et bien plus profonds, d'une autre dénonciation : celle du Malin, de l'Esprit pervers, de Satan invisible et omniprésent. En même temps que se développe le processus de démonisation de l'homme du Complot, l'anathème dont il fait l'objet apparaît de plus en plus comme une réplique ou comme un écho des vieux procès de sorcellerie. Même dossier et même réquisitoire, mêmes fixations obsessionnelles, même climat névrotique de peur et de fascination mêlées. Avec ses rituels clandestins, son cérémonial initiatique, ses hiérarchies soumises à la plus rigoureuse des disciplines, la secte conspiratrice apparaît bien comme cette Contre-Église, vouée au seul service du Mal, que dénoncent les anciens traités de démonologie. De la même façon que dans les moments les plus intenses des grandes chasses aux sorciers des XVIe et XVIIe siècles, c'est aux conjurations des suppôts de Satan que se trouvaient attribués l'irruption de la maladie, les ravages de la tempête ou la ruine des récoltes, ce sont les manœuvres, les agissements des manipulateurs de l'ombre que l'on situe à l'origine des pires fléaux du temps présent, les guerres, les crises, les déchirements sociaux. Il n'est pas même jusqu'à l'habituelle image du sorcier ou de la sorcière, telle que l'a abondamment reproduite l'iconographie médiévale ou postmédiévale — objet de répugnance, d'effroi, mais aussi de dérision —, que l'on ne puisse retrouver dans certains textes accusateurs datés des dernières années du XIXe siècle. Ainsi dans une autre œuvre du même abbé Desportes[14], un roman en l'occurrence et destiné au public populaire, le héros maléfique (qui présente la redoutable particularité d'être à la fois juif et franc-maçon) vit-il « solitaire et farouche », à l'extrémité obscure du village dans « une maison de chétive apparence », « dont les contrevents gris ne s'ouvrent qu'à de rares intervalles comme s'ils avaient été destinés à cacher un secret ou un mystère ». Son regard est « oblique », sa « démarche tortueuse ». Un cercle de méfiance l'environne que viennent à peine rompre « deux ou trois individus de mauvaise mine », « méprisés de tout le monde ». Signe traditionnel d'identification enfin, et qui ne trompe pas : à la vue du Saint-Sacrement, au passage d'une procession, voire de « deux chastes enfants » se rendant à l'église, une force apparemment irrésistible s'empare de lui, son visage se contracte, son poing se crispe, sa barbe se hérisse, « il écume comme une bête fauve ».

Nouveaux témoignages en fin de compte de cette étonnante permanence de la présence diabolique au plus profond des mentalités collectives au siècle dernier, et dans les années mêmes où l'on est habitué à situer l'apogée officiellement triomphant de la Pensée rationaliste et de l'Idée scientiste. Doté de ses attributs traditionnels, accompagné des légions sulfureuses de ses serviteurs infernaux, le Prince des Ténèbres demeure, en personne, le héros privilégié d'une abondante littérature[15]. Il continue à inspirer l'effroi, la fascination, à tout le moins une douteuse curiosité. La foule de ses croyants est encore suffisamment nombreuse pour permettre à divers escrocs de poursuivre de fructueuses ou réjouissantes mystifications... C'est au-delà cependant de ces trop gros-

MYTHES ET MYTHOLOGIES POLITIQUES

sières fabulations, dans ce domaine incertain et mouvant du rêve, où passent, se rejoignent et se concertent les hommes du Complot, que se situe son vrai Royaume. Ce n'est pas en vain en effet si le roman de l'abbé Desportes se termine comme doit normalement se conclure tout procès de sorcellerie : par le feu. L'incendie ravage le repaire du misérable et permet au village, délivré de sa présence, de retrouver son harmonie perdue. Comme c'est par le feu que périt, dans *le Juif errant* d'Eugène Sue, le tortueux abbé Rodin, agent d'exécution des manœuvres les plus atroces de l'Organisation jésuitique. Victime de ses propres machinations, atteint par le poison qu'il avait réservé à d'autres, un brasier intérieur le déchire : « Le feu, s'écrie-t-il, oui le feu. Mais c'est le feu qui dévore mes entrailles. Oh, je souffre, quelle fournaise ! » La symbolique du feu, du feu purificateur et rédempteur qui efface les souillures, qui dissipe les angoisses de la nuit et fait reculer les puissances des ténèbres, achève de donner toute sa cohérence à la constellation mythique de la Conspiration. Les fils de Lumière contre les puissances des Ténèbres, « l'esprit de vie contre l'esprit de mort », dira Michelet à propos des jésuites, les forces du Bien contre les forces du Mal, le Christ et l'Antéchrist, la France et l'Anti-France, la Liberté et le Despotisme, l'éternel combat dont le monde est l'enjeu se poursuit autour de nous. Projection, incarnation de toutes les forces maléfiques contre ce qui est accepté et vécu comme le vrai, le juste ou le saint, l'image sans cesse renaissante du Complot ne peut être comprise que comme l'une des illustrations la plus puissante peut-être, mais non la seule, de cette conception antithétique de l'ordre universel. « Le juif se dresse dans notre histoire comme notre adversaire métaphysique », dira beaucoup plus tard Rosenberg...

UNE SOCIOLOGIE DE L'ANGOISSE

« On a tort de s'embarrasser pour l'opposition. Quand on n'a rien de bien, il nous reste les jésuites. Je les sonne comme un valet de chambre : ils arrivent toujours. » Le propos est attribué à Benjamin Constant et il illustre assez bien une certaine attitude de l'opposition libérale face au régime de la Monarchie restaurée. Authentique ou non, il a du moins le mérite de ramener l'analyse sur un terrain plus sûr, en tout cas mieux exploré et qui est celui de la seule histoire des faits politiques et sociaux. Mythe mobilisateur au sens le plus précis de la terminologie sorélienne, comment méconnaître en effet le rôle souvent primordial tenu par la thématique du Complot dans la chronique de quelques-uns des affrontements majeurs vécus depuis deux siècles par les sociétés de l'Occident contemporain ? Et comment négliger d'autre part la fonction essentiellement tactique qui lui a été le plus souvent attribuée ? Chacun le sait : de la terreur jacobine à la terreur stalinienne, l'accusation de complot n'a cessé d'être utilisée par le pouvoir en place pour se débarrasser de ses suspects ou de ses opposants, pour légitimer les purges et les épurations aussi bien que pour camoufler ses propres fautes et ses propres déboires. Mais de façon beaucoup plus précise et à propos de chacun des témoignages précédemment cités, il reste également facile de dénoncer et de démontrer les préoccupations manœuvrières auxquelles ceux-ci ne manquent pas de correspondre. En assimilant les Encyclopédistes à l'action souterraine de la franc-maçonnerie, et la franc-maçonnerie elle-même au jacobinisme, l'abbé Barruel tend de toute évidence à discréditer les représentants de la pensée philosophique en les associant aux plus sanglants épisodes de la dictature montagnarde et en leur en faisant directement porter la responsabilité au regard de l'opinion. La propagande antisémite n'a pas seulement très généralement servi à la défense des positions conservatrices ; il est, semble-t-il, permis de croire que les *Protocoles des Sages de Sion* ont été rédigés dans diverses officines de la police tsariste avec une double, et très précise arrière-pensée : combattre la politique de modernisation économique engagée alors sous l'égide du ministre Witte et dresser en même temps un contre-feu à l'égard des aspirations libérales tendant à se répandre dans certains milieux dirigeants. Quant à la Conspiration jésuitique, ce n'est probablement pas en vain que l'on constatera que les phases les plus violentes de sa dénonciation se situent dans les années 1820, sous la Restauration, c'est-à-dire au moment où l'opposition libérale engage un combat particulièrement âpre contre le ministère Villèle, et dans les années 1840, sous la monarchie de Juillet, c'est-à-dire au moment où se livre autour du problème universitaire un affrontement d'une exceptionnelle passion.

Observations nécessaires sans doute et auxquelles l'historien ne peut refuser son attention. Observations auxquelles il convient cependant de n'accorder qu'une valeur interprétative très strictement limitée. Qu'à l'arrière-plan des infinis développements du discours du Complot — discours multiforme, sans cesse renaissant, toujours présent — il soit possible de discerner certaines spéculations manœuvrières, le fait ne peut être négligé. Il serait pourtant, et de toute évidence, singulièrement hasardeux d'en conclure que c'est à partir de cet arrière-plan que le discours tout entier doit être appréhendé, analysé et compris. Tout d'abord parce que, si, chez certains, la volonté délibérée de machination peut être clairement établie, ces cas demeurent en fin de compte trop peu nombreux pour qu'il soit permis de mettre en cause la sincérité du plus grand nombre. Les habiletés tactiques elles-mêmes, inséparables de tout engagement militant, ne témoignent en aucune façon, de la part de ceux qui les emploient, d'un manque quelconque de conviction à l'égard de la cause qu'ils entendent soutenir : écrivant sur les jésuites, Michelet apportait très délibérément son concours à l'un des camps en présence dans le grand débat engagé alors autour du principe de la liberté de l'enseignement ; il n'en était pas moins persuadé de la perversité consubstantielle de la Compagnie... Ensuite et surtout parce que aucune entreprise manipulatrice ne peut espérer atteindre ses objectifs là où n'existe pas, dans les secteurs de l'opinion qu'elle s'efforce de conquérir, une certaine situation·de disponibilité, un certain état préalable de réceptivité. Ce qui signifie, entre autres, que dans sa structure, dans sa forme comme dans son contenu, le message à transmettre doit, pour avoir quelque chance d'efficacité, correspondre à un certain code déjà inscrit dans les normes de l'imaginaire. Ceux-là mêmes qui voudraient jouer avec l'imaginaire se trouvent ainsi contraints à se soumettre à ses exigences. Le mythe existe indépendamment de ses utilisateurs éventuels; il s'impose à eux bien plus qu'ils ne contribuent à son élaboration.

On ne saurait cependant encore moins esquiver la difficile rencontre d'un second, et très redoutable problème : celui du récit mythologique et de ses possibles fondements objectifs. Aucun des mythes politiques ne se développe sans doute sur le seul plan de la fable, dans un univers de pure gratuité, de transparente abstraction, libre de tout contact avec la présence des réalités de l'histoire. Mais, en ce qui concerne la mythologie du Complot, on concédera volontiers que la charge de densité historique se révèle de toute évidence particulièrement lourde : il n'est en effet aucune ou presque de ses manifestations ou de ses expressions que l'on ne puisse mettre plus ou moins directement en rapport avec des données factuelles relativement précises, aisément vérifiables en tout cas et concrètement saisissables. S'il n'est pas convaincant d'attribuer aux « marchands de canons » la responsabilité des grands conflits guerriers du siècle présent, le trafic des armes constitue bien une réalité qui ne peut être niée. De même va-t-il de soi que la franc-maçonnerie n'est pas, à la fin du XVIIIe siècle, une invention de l'abbé Barruel et de ses émules, pas plus que nul n'ignore le rôle considérable qu'elle a joué par la suite, notamment dans l'histoire de la Troisième République, en tant que groupe de pression politique et instrument de contrôle idéologique. Le thème de la Conspiration jésuitique peut invoquer pour sa part comme caution la fondation, au cours de la période du premier Empire, par quelques ecclésiastiques mêlés à de pieux gentilshommes, de diverses associations clandestines ou semi-clandestines vouées à la cause de la contre-révolution et de la reconquête catholique : telles notamment la société des Chevaliers de la Foi créée en 1810 par Ferdinand de Bertier et la fameuse Congrégation, souvent dénoncée, fondée en 1801, dissoute en 1809, reconstituée en 1814 [16]. Quant au complot juif, si l'on ne peut faire état, pour assurer sa crédibilité, d'aucune référence objective, il faut bien reconnaître la réalité des réactions provoquées au cours du siècle dernier, dans certaines fractions de l'opinion, par la récente et brusque émancipation des communautés israélites et l'irruption inattendue de nombre de leurs représentants dans d'importants secteurs de la vie économique, intellectuelle ou mondaine.

Ce qui ne peut toutefois manquer d'étonner, c'est l'ampleur du hiatus existant entre la constatation de ces faits, tels qu'ils peuvent être objectivement établis, et la vision qui en est donnée à travers le récit mythologique. Il ne s'agit pas en effet, par rapport à la réalité, d'un simple phénomène d'amplification, de distorsion sous l'effet d'un grossissement polémique. Il s'agit d'une véritable mutation qualitative : le contexte chronologique est aboli, la relativité des situations et des événements oubliée ; du substrat historique il ne reste plus que quelques fragments de souvenirs vécus, broyés et transcendés par le rêve. L'assimilation, par exemple, faite par Barruel entre la maçonnerie et la dictature jacobine se trouve contredite par l'observation la plus élémentaire : « aucun mystère, aucune assemblée secrète ne pouvant être toléré dans une République », les loges ont été durement éprouvées par la Terreur ; beaucoup de leurs membres y laissèrent leur vie, beaucoup d'autres ayant par ailleurs trouvé refuge dans les rangs de l'émigration [17]. Le rôle réel joué par les sociétés secrètes catholiques après la chute du régime napoléonien n'a, de l'avis général des historiens de la période, aucun rapport avec la toute-puissance prêtée aux séides de la Compagnie. Quant au complot juif, non seulement toutes les analyses tendent à montrer que la diffusion de l'antisémitisme ne se trouve nullement liée à la réalité statistiquement mesurable d'une quelconque présence juive, mais le postulat principal autour duquel s'organise sa thématique, c'est-à-dire celui d'unité institutionnelle d'une communauté israélite de caractère international, semble n'avoir jamais été aussi fallacieux : aussi bien du point de vue religieux que politique, idéologique, social ou national, c'est au moment même où le « Grand Sanhedrin des tribus d'Israël » est censé étendre son autorité sur un peuple tout entier qu'à l'intérieur des milieux israélites les facteurs de division et de tension se multiplient, se recoupent et s'exaspèrent. En bref, le problème essentiel reste posé — qui est celui du passage de la véracité du fait à son interprétation mythique, de l'invincible mouvement de transgression qui part de l'événement historiquement définissable pour conduire à sa lecture imaginaire.

Comment en revanche ne pas objectivement constater — et là est sans doute l'essentiel — que, quelles que soient par ailleurs la dénomination, la nature ou les motivations idéologiques de la conspiration dénoncée, cette dénonciation ne manque jamais de s'inscrire dans un climat psychologique et social d'incertitude, de crainte ou d'angoisse ? L'intensité de ce climat peut se révéler plus ou moins lourde, plus ou moins oppressante. Les milieux concernés peuvent témoigner d'une importance numérique variable, présenter dans leurs composantes sociologiques la plus large diversité. Chez tous, cependant (et si dérisoires que puissent être les efforts que l'on tenterait pour déterminer leur place dans les rapports de production), il est possible d'observer, plus ou moins ostensibles ou plus ou moins discrets, les signes cliniques, maintenant bien connus, qui sont ceux des grandes peurs collectives. Dans cette perspective encore le rapprochement n'est pas vain avec les grands procès en sorcellerie des débuts de l'âge moderne. Ceux-ci, on le sait, apparaissent comme historiquement inséparables des crises majeures d'une époque que marquent à la fois l'ampleur des déchirements spirituels, la violence des affrontements politiques et la soudaineté des mutations économiques. En ce qui concerne les grandes constructions de la mythologie du Complot élaborées au cours des deux derniers siècles, l'arrière-plan tragique ne s'impose certes pas avec une telle force et une telle évidence ; la violence dramatique tend le plus souvent à s'atténuer ou à se faire moins visible. Il n'est pourtant aucune de ces constructions qui ne puisse être interprétée comme une réponse à une menace, ou tout au moins comme une réaction quasi instinctive au sentiment d'une menace — et peu importe en l'occurrence l'exacte mesure de la réalité de cette menace...

La France des vingt dernières années du XIXᵉ siècle, les larges et indiscutables résonances qu'y rencontrèrent les grands thèmes du Complot «judéo-maçonnique» constituent à cet égard un exemple particulièrement éclairant. Les premières mesures gouvernementales de l'anticléricalisme républicain venant souligner et amplifier un mouvement général de laïcisation de la société, la vieille France chrétienne se sent atteinte au plus profond de sa foi et de ses fidélités, dans l'essentiel même de son héritage spirituel et moral. Simultanément le développement urbain, les progrès de la concentration capitaliste, l'apparition de nouvelles formes de travail et de production viennent plus ou moins fortement ébranler ou bouleverser certains modes de vie traditionnels. «Quand la société souffre, constatait déjà Durkheim, elle éprouve le besoin de trouver quelqu'un à qui elle puisse imputer son mal, sur qui elle puisse se venger de ses déceptions.» Ce n'est donc pas en vain si la sociologie de l'antisémitisme notamment fait apparaître un assez curieux amalgame où se trouvent réunis les représentants du clergé populaire et ceux du petit commerce, d'une noblesse rurale en déclin et du vieil artisanat des faubourgs [18]. («Curieux journal, disait-on de la Libre Parole de Drumont, que lisent les curés de campagne et les anciens communards.») Les inquiétudes, les désarrois, les incertitudes et les rancunes viennent se cristalliser autour de l'image maudite du juif (ou du franc-maçon, ou mieux encore du juif-franc-maçon) omniprésent, spoliateur et conquérant. Le mécanisme psychologique et social s'apparente à celui de l'exorcisme. Le Mal que l'on subit, et plus encore peut-être celui que l'on redoute, se trouve désormais très concrètement incarné. Il a pris une forme, un visage, un nom. Expulsé du mystère, exposé en pleine lumière et du regard de tous, il peut être enfin dénoncé, affronté et défié.

Paradoxalement, le mythe du Complot tend ainsi à remplir une fonction sociale d'importance non négligeable, et qui est de l'ordre de l'explication. Explication d'autant plus convaincante qu'elle se veut totale et d'une exemplaire clarté : tous les faits, quel que soit l'ordre dont ils relèvent, se trouvent ramenés, par une logique apparemment inflexible, à une même et unique causalité, à la fois élémentaire et toute-puissante. Tout se passe en d'autres termes comme si une grille interprétative se trouvait établie dans laquelle se verrait inséré l'ensemble des événements du temps présent, y compris bien entendu les plus déroutants et les plus angoissants. Par là même l'inconnu infiniment redoutable des questions sans réponse cède devant un système organisé d'évidences nouvelles. Le destin redevient intelligible ; une certaine forme de rationalité, à tout le moins de cohérence, tend à se rétablir dans le cours déconcertant des choses...

Ainsi, et pour reprendre l'exemple précédent, est-ce bien une véritable lecture historique des phénomènes de modernité qui se trouve implicitement incluse dans toute une littérature antisémite de la fin du siècle dernier. Mettant l'accent sur le double péril de la concentration capitaliste et de la révolution prolétarienne, les *Protocoles* présentent une nomenclature relativement précise de quelques-uns des faits dominants de l'évolution récente des sociétés occidentales : développement des mécanismes du crédit, progrès de la scolarisation, importance croissante de la presse, mutations des structures familiales. Mais c'est à travers certaines pages d'Édouard Drumont (et plus particulièrement dans *la Fin du Monde*) que la dénonciation du Pouvoir juif se trouve peut-être le plus étroitement associée à une tentative d'analyse quasi clinique de ce qui est décrit comme un inexorable processus de décomposition. En fait, si le ton demeure celui de l'apocalypse, les traits évoqués ne sont rien d'autre que ceux, parfaitement caractéristiques et en l'occurrence fort bien perçus, de l'avènement de ce que l'on peut appeler « la France bourgeoise », de l'émergence en d'autres termes de structures sociales nouvelles liées au développement du capitalisme industriel et commercial. Qu'il s'agisse cependant de la domination de l'Argent, des méfaits de la spéculation boursière, du pouvoir sans cesse accru des trusts et des monopoles, de la ruine prévisible de l'artisanat et de la petite entreprise, de l'apparition des grands magasins, de la diffusion de la publicité (« la réclame »), de l'effondrement des vieilles solidarités communautaires ou des atteintes portées à la foi religieuse, chacun des phénomènes dénoncés est présenté comme relevant d'une même volonté, justiciable de l'action d'une même puissance, souterraine et terriblement efficace : la manipulation juive. La clé proposée est susceptible de s'adapter à toutes les interrogations. La personnification du Mal, la réduction à l'unité épargnent, au moins à ceux qui en sont les victimes, la plus éprouvante des anxiétés, celle de l'incompréhensible.

Est-il nécessaire de préciser encore une fois que cette fonction explicative, le mythe est susceptible de l'exercer à partir et au profit des groupes sociaux les plus divers et parfois les plus opposés ? Ce qui reste constant, ce qui constitue le caractère essentiel de permanence et de répétitivité, c'est l'état de malaise, la situation de crise dans laquelle se trouvent ces groupes ou ces milieux. Et c'est aussi, on ne saurait l'oublier, tout le matériel onirique contenu dans le message mythologique, tout ce flot incessant qu'il porte avec lui d'images, de phantasmes et de représentations symboliques. A chaque image, à chaque signe, à chaque expression symboliques ne manque jamais de correspondre, si l'on suit Bachelard, ce que celui-ci nomme un « doublet-psychique », résonance harmonique en quelque sorte se faisant entendre au plus profond et au plus intime du moi individuel. En ce qui concerne la thématique du Complot, on évoquera ainsi, sans grand risque d'erreur, les vieilles terreurs enfantines et leur persistance tenace à travers les cauchemars de l'âge adulte : peur des réduits ténébreux, des murs sans issue qui se referment, des fosses d'ombre d'où l'on ne remonte pas ; peur d'être livré à des mains inconnues, volé, vendu ou abandonné ; peur enfin de l'ogre, des dents carnassières des bêtes de proie, de tout ce qui broie, déchire et engloutit. De même, devant certains accents dont le caractère névrotique ne peut guère être contesté, le rapprochement s'impose avec quelques-unes des formes les plus caractéristiques des délires de persécution : aucune place n'est plus désormais laissée au hasard ou à l'accident ; placée au centre d'un immense réseau de malveillance organisée, la victime voit chacun de ses actes surveillé et épié par mille regards clandestins; une même main invisible a pris la charge de son destin et le conduit irrévocablement vers le malheur...

La cohérence et la logique du délire paranoïaque rejoignent ici la cohérence et la logique du discours mythologique. L'analyse sociologique et l'observation psychiatrique tendent à se confondre. Et peu importe en l'occurrence celui de ces deux modes d'interprétation auquel il conviendrait plus particulièrement de s'attacher. Au regard de l'histoire tous deux s'accordent pour faire jouer au mythe le rôle d'un révélateur. C'est peut-être par l'examen de ces rêves qu'une société révèle le plus sûrement certains de ses désordres et quelques-unes de ses souffrances.

A LA RECHERCHE D'UNE ÉGLISE

Il faut pourtant aller plus loin. La littérature du Complot elle-même nous y invite; et tout d'abord, pour ne pas sortir du même cadre documentaire, un texte singulier, extrait du *Juif errant* d'Eugène Sue, et dont il convient de citer dans leur intégralité de très larges passages. On sait peut-être qu'au-delà de son foisonnement d'intrigues et de personnages le feuilleton d'Eugène Sue a pour trame essentielle une ténébreuse affaire de captation d'héritage. Il s'agit en fait d'une fortune fabuleuse, léguée à la fin du XVIIᵉ siècle par un certain M. Rennepont et dont la Compagnie de Jésus tente de s'emparer en éliminant les ayants droit par d'abominables procédés. Or, avant de mourir, M. Rennepont, aussi prévoyant que juste, avait mis en garde ses futurs héritiers contre les machinations dont ceux-ci ne pourraient manquer d'être l'objet. (N'était-il pas lui-même le dépositaire d'un terrible secret? Celui de l'origine jésuitique de l'assassinat d'Henri IV.) Avertissement qu'il complétait en exprimant le vœu qu'à l'Association perverse qui tenterait de les atteindre, ses héritiers en opposent une autre, bonne et sainte celle-là, et vouée à la défense des seules nobles causes.

Si une association perverse [dit le texte du testament de M. Renne-
pont] fondée sur la dégradation humaine, sur le despotisme, et
poursuivie de la malédiction des peuples a traversé les siècles et
dominé le monde par la terreur, que serait-ce d'une association qui,
procédant de la fraternité, de l'amour évangélique, aurait pour but
d'affranchir l'homme et la femme de tout dégradant esclavage ; de
convier au bonheur d'ici-bas ceux qui n'ont connu de la vie que des
douleurs et la misère ; de glorifier et d'enrichir le travail nourricier,
d'éclairer ceux que l'ignorance déprave [...]
Quel merveilleux foyer de pensées fécondes, généreuses ! Quels
rayonnements salutaires et vivifiants jailliraient incessamment de
ce centre de charité, d'émancipation et d'amour ! Que de grandes
choses à tenter, que de magnifiques exemples à donner au monde
par la pratique ! Enfin quel irrésistible élan pourrait inspirer à
l'humanité tout entière une famille aussi groupée disposant de tels
moyens d'action. Et alors cette association pour le bien serait
capable de combattre la funeste association dont je suis victime, et
qui peut-être dans un siècle et demi n'aura rien perdu de son
redoutable pouvoir. Alors à cette œuvre de ténèbres, de compres-
sion et de despotisme qui pèse sur le monde chrétien, les miens
pourraient opposer une œuvre de lumière, d'expansion et de liberté. Le génie du bien et le génie du mal seraient en présence. La
lutte commencerait, et Dieu protégerait les justes...

Il est assez probable que cette «sainte association» dont
M. Rennepont entend préparer l'avènement, «œuvre de lumière,
d'expansion et de liberté», n'est rien d'autre que la maçonnerie.
L'important reste toutefois le mécanisme quasi irrévocable par
lequel, au modèle d'une organisation maléfique, se trouve substituée l'image d'une autre organisation, réplique de la première,
mais vouée celle-là au service du Bien. Le postulat de départ est
simple : le seul moyen de combattre le Mal, c'est de retourner
contre lui les armes mêmes dont il se sert. L'ennemi opère souter-
rainement, clandestinement ; souple, insaisissable, capable de
s'infiltrer dans tous les milieux, son habileté suprême est celle de
la manipulation ; ses troupes, invisibles mais partout présentes,
sont soumises à une obéissance sans murmure. Seule une organisation répondant aux mêmes caractéristiques, secrète, disciplinée,
hiérarchisée, entraînée à manœuvrer dans l'ombre, est donc sus-

ceptible de lui être victorieusement opposée. Ainsi, en totale opposition avec les aspirations « philosophiques » de M. Rennepont mais répondant au même type d'exigence, la Société des Chevaliers de la Foi fondée par Ferdinand de Bertier sous le Premier Empire semble-t-elle visiblement calquée sur l'exemple maçonnique : vouée à la clandestinité, elle a ses signes de reconnaissance, son rituel initiatique, ses grades, sa titulature ésotérique et son grand maître. Ainsi encore les *Protocoles des Sages de Sion* rendent-ils à la Compagnie de Jésus ce curieux éloge, tout compte fait quasi confraternel : « Seuls les jésuites pourraient nous égaler sous ce rapport [celui de la manipulation politique] mais nous avons pu les discréditer aux yeux de la foule stupide, parce qu'ils formaient une organisation visible, tandis que nous restons nous-mêmes dans l'ombre avec notre organisation secrète... » A la limite, dans ce jeu déconcertant et pratiquement infini de miroirs inversés, tout Complot, toute entreprise de manipulation clandestine tend à assurer sa légitimité en se présentant comme un contre-complot, une contre-entreprise de manipulation clandestine. Débat exemplaire à cet égard — bien que non dépourvu d'un certain comique rétrospectif — que celui de la Chambre des députés du 17 juin 1904 où, devant les attaques furieuses de la droite dénonçant l'influence occulte de la maçonnerie, les accusés répondent, à peu près dans les mêmes termes, en évoquant la nécessité de combattre à armes égales les manœuvres souterraines, les pratiques de délation et d'espionnage des congrégations et des sociétés pieuses [19].

Il reste à constater cet étonnant mouvement de fascination qui fait du XIXe siècle européen et de ses prolongements immédiats ce qu'il est permis de considérer comme l'Age d'or de la Conjuration. Ce n'est pas en vain par exemple, si, dans les seules limites géographiques et chronologiques de la France de la monarchie constitutionnelle, la multiplication des organisations clandestines — compagnonnages ouvriers, charbonnerie, « sociétés » républicaines sans cesse renaissantes — finit par constituer un réseau si dense et si puissant que l'historien des faits politiques comme celui des faits sociaux ne cessent de buter sur sa présence. Ce n'est pas en vain d'autre part, si, parallèlement, l'imagination romanesque se met à accorder une si grande importance à ces petits groupes d'hommes résolus, liés par le serment et le secret, ayant choisi l'ombre pour agir et qui, pour leur gloire, leur profit ou le triomphe d'une grande cause, rêvent de réduire à leur volonté l'ordre existant des choses. «Il s'est rencontré, dans l'Empire et dans Paris, treize hommes, également frappés du même sentiment, tous doués d'une assez grande énergie pour être fidèles à la même pensée, assez probes pour ne point se trahir, assez profondément politiques pour dissimuler les liens sacrés qui les unissaient, assez forts pour se mettre au-dessus de toutes les lois...», ainsi commence, exemplairement, l'*Histoire des Treize* de Balzac. La puissance occulte «exorbitante» à laquelle prétendent les treize conjurés et «contre laquelle l'ordre social serait sans défense» ne vise à rien d'autre, précise Balzac, qu' «à donner à chacun le pouvoir de tous», «qu'à satisfaire en d'autres termes leurs appétits personnels de plaisir ou de domination. Mais, au fur et à mesure qu'elle s'étendra dans le temps, la postérité des «Treize» se fera plus nombreuse et plus diverse. Les «Possédés» de Dostoïevski relèvent, parmi bien d'autres, de leur lignée, comme en relèvent aussi, à la veille de la Seconde Guerre mondiale, les cinq jeunes héros de *la Conspiration* de Paul Nizan que leur volonté de pureté révolutionnaire semble logiquement conduire vers l'activisme clandestin.

Au tome VI de l'immense fresque que constituent *les Hommes de bonne volonté* de Jules Romains — et où le thème du complot revient précisément avec une insistance particulière —, l'un des personnages, Clanricard, évoque «la solitude étrange de l'homme dans la société moderne», «le besoin désespéré de s'accrocher à un groupe, à une collectivité étroitement unie et conduite par un idéal, oui à une Église». Entre ce besoin, cette «recherche d'une Église» qui constitue en effet l'un des faits majeurs de l'histoire intellectuelle et morale du siècle dernier (que l'on songe à Saint-Simon, à Auguste Comte) et la présence obsédante du thème du complot, le rapprochement n'est ni fortuit ni gratuit. Le principe du secret mis à part, l'image est dans les deux cas présente d'une Organisation hiérarchisée, ritualisée, soumettant à une même discipline tous ceux qu'elle rassemble, les unissant dans la poursuite d'un même dessein, leur permettant de se reconnaître autour des mêmes symboles et dans une même liturgie. Dans les deux cas aussi, en opposition avec une société morcelée, désarticulée où l'individu, livré à lui-même, ne peut que constater son impuissance et son isolement («nous sommes tellements seuls», soupire Clanricard) se dresse le modèle d'une communauté puissamment intégratrice, à la cohérence solidement assurée et où se retrouveront la chaleur et la force des vieilles solidarités disparues. Le politique et le sacré viennent ainsi se rejoindre et, dans une certaine mesure, se confondre. A l'arrière-plan de la mythologie du Complot se découvre toujours, en fin de compte, la vision d'un Ordre, au sens religieux du terme, unitaire, conquérant, instrument nécessaire à la réussite d'une grande entreprise engageant et transcendant le destin de chacun.

Ces observations, pour peu qu'on les accepte, ne remettent en aucune façon en cause l'analyse du mythe en tant qu'expression d'un malaise social, manifestation de peur ou de désarroi collectif. Mais définie et développée à partir d'un obscur sentiment de menace, témoignage d'incertitude ou de panique, la mythologie de la Conspiration tend en même temps à apparaître comme la projection négative d'aspirations tacites, l'expression inversée de souhaits plus ou moins conscients, mais toujours inassouvis. L'ordre que l'Autre est accusé de vouloir instaurer ne peut-il être considéré comme l'équivalent antithétique de celui que l'on désire soi-même mettre en place? Le pouvoir que l'on prête à l'ennemi n'est-il pas de même nature que celui que l'on rêve de posséder? Cette capacité toujours plus étendue de contrôle social, cette maîtrise des événements et des esprits qu'il est censé exercer ne correspondent-elles pas à cette forme de puissance revendiquée pour le service de sa propre cause? Ce rôle qu'on lui attribue d'acteur déterminant de l'histoire qui se fait et de celle qui se prépare n'est-il pas celui-là même dont on se sent tragiquement frustré? Cette unité organique dont on lui accorde le privilège, cette volonté suprême où viennent se perdre toutes les volontés particulières, cette autorité absolue mais prévoyante et finalement tutélaire étendue à tous ceux qu'unissent les mêmes serments et les mêmes engagements, ne répondent-elles enfin à un certain type d'idéal communautaire tenacement entretenu au plus profond des consciences ?... Le Mal appréhendé comme simple et exacte inversion du Bien, le thème ne se limite pas, à vrai dire, à l'exploration du seul domaine de l'imaginaire politique.

Le Sauveur

La date du 6 mars 1952 ne risque guère de laisser des traces durables dans la mémoire collective des Français. En ces années incertaines de l'histoire de la IVe République elle porte pourtant la marque d'un double événement : sur le plan de la chronique politique, l'investiture par l'Assemblée nationale de M. Antoine Pinay à la présidence du Conseil ; sur le plan de l'histoire de l'imaginaire, l'irruption simultanée d'un nouveau personnage dans le légendaire national. Quelques jours plus tard, François Mauriac qui, dans sa chronique du *Figaro,* s'était permis quelques remarques ironiques sur le nouveau chef du gouvernement, devait battre précipitamment en retraite : « Je demeure abasourdi, confessait-il, sous une dégelée de lettres attristées, vexées, quelquefois furieuses. Me voici accusé de torpiller l'expérience Pinay, de battre en brèche mon propre journal, de dresser les Français les uns contre les autres comme un affreux romancier malsain que je suis... » M. Pinay a tort d'être si modeste, constatait parallèlement un autre chroniqueur : « Il ne s'appartient plus, il nous appartient. Il est devenu quelque chose de plus qu'un homme, une sorte de symbole en qui d'innombrables Français ont reconnu ce qu'ils souhaitaient pour la France... » Un numéro spécial de *Paris-Match,* particulièrement riche en notations suggestives, un ouvrage biographique précipitamment rédigé, c'est assez pour qu'en quelques semaines le personnage de M. Pinay échappe à la banalité du jeu politique [20]. Une nouvelle fois, le vieux mythe du Sauveur resurgit dans notre histoire, mythe promis dans ce cas à un avenir assez court, mais pendant un moment suffisamment puissant, suffisamment cohérent, suffisamment attractif aussi pour fixer l'attention, retenir la réflexion.

En fait, nous nous trouvons très loin ici de toute manifestation d'effervescence lyrique. Ce n'est pas en vain si un collaborateur de *Paris-Match* compare M. Pinay à ce héros d'un film américain, Mr. Smith, citoyen parfaitement banal qui, accidentellement promu dans la vie politique, terrasse ses adversaires les plus roués par sa candeur et son bon sens. M. Pinay apparaît comme un M. Smith français, « un homme quelconque », « M. Dupont, écrit *Paris-Match*, appelé à résoudre la grave crise du franc et de la France ». Paradoxalement c'est sur l'absence d'éléments habituellement considérés comme légendaires qu'insistent le plus ceux-là mêmes qui contribuent à répandre sa légende. Ce sur quoi est mis l'accent, c'est en revanche le caractère « moyen » du personnage et de son destin... Moyen d'abord, et ses biographes n'omettent pas de le signaler, M. Pinay l'est par la localisation de ses origines géographiques, étant né en 1891 dans le Massif Central : « Il est, commente *Paris-Match*, d'une province qui facilite l'unanimité : ni trop au nord, ni trop au midi, ni de l'est, ni de l'ouest. » Moyen, il l'est aussi par le milieu social auquel il appartient, un père petit industriel, une mère de proche ascendance paysanne. Moyen, il l'est encore dans le déroulement même de sa vie privée et de sa carrière politique : titulaire de la médaille militaire, M. Pinay est un ancien combattant de la Première Guerre mondiale au cours de laquelle il a été grièvement blessé ; son entrée dans la vie publique est relativement tardive et commence, comme il se doit, par l'exercice des charges les plus modestes, conseiller municipal à 37 ans, maire à 39 ans, conseiller général à 43 ans, député à 45 ans. Tout en somme dans ce récit biographique est fait pour rassurer, pour banaliser le grand homme, pour permettre à chacun de ses concitoyens de se reconnaître en lui. Jusqu'à l'apparente insignifiance de ses succès d'écolier que son biographe, Derôme, ne néglige pas de rappeler en termes d'une discrète élégance : «Lorsqu'il était en classe, écrit-il, M. Pinay s'intéressait surtout aux connaissances positives, semblant plus soucieux d'avoir, comme l'écrit Montaigne, une tête bien faite qu'une tête pleine.»

C'est que l'on n'attend du nouveau président du Conseil ni l'éclat des grands projets ni la fulgurance des vastes ambitions. La politique, selon M. Pinay, n'est pas celle des politiciens professionnels : «Je sais, lui fait dire son biographe, que la politique n'est pas mon fort. Je ressemble en cela à beaucoup de Français. La politique c'est tout juste bon à alimenter la conversation dans le train ou au café.» Mais la politique selon M. Pinay, ce n'est pas non plus celle des «idéologues», des «planistes», des bureaucrates, des «contrôleurs de toutes espèces». Dans le contexte historique où il prend le pouvoir, son objectif est simple : «la baisse et le franc restauré», le coup d'arrêt donné à la hausse des prix et à la dépréciation monétaire, le rétablissement de l'équilibre budgétaire, l'appel à la confiance, à l'économie et à l'épargne. Et c'est aussi «remettre de l'ordre dans la maison», c'est-à-dire réduire les attributions et les charges de l'État, assurer face à ses représentants la marge d'indépendance du citoyen. «On avait vu, assure Derôme, la bureaucratie s'étaler en long et en large, réquisitionner à qui mieux mieux, les effectifs des fonctionnaires déjà passablement gonflés s'accroître de quelques centaines de milliers d'inutiles.» L'avènement de M. Pinay doit marquer la fin de cette autre forme d'inflation. Il doit également marquer l'abandon d'une certaine conception technocratique de l'État, un retour aux normes traditionnelles de l'économie de marché... Le vaste mouvement d'espérance qui, durant quelques mois, a conduit tant de Français à se reconnaître dans le personnage symbole de M. Pinay, n'est pas, en vérité, difficile à interpréter : il ne correspond à rien d'autre, après plus de dix années d'incertitudes et d'épreuves, qu'à une profonde aspiration à la stabilité retrouvée en même temps qu'à une fidélité tenace à certaines formes de vie sociale de plus en plus gravement menacées [21].

Si artificielle qu'à bien des égards puisse paraître cette distinction — et il conviendra de revenir sur la question —, il doit être bien entendu qu'il ne s'agit pas ici du personnage de M. Pinay et de son passage à la tête du gouvernement tels que ceux-ci peuvent être rétrospectivement appréhendés dans toute la rigueur de leur réalité historique. Il s'agit essentiellement de leur image, de la représentation qui en fut donnée et qui semble s'être assez largement imposée à l'opinion. C'est, en d'autres termes, d'un récit qu'il s'agit et qu'il faut lire et interpréter un peu — toutes proportions gardées — comme le lecteur de *la Chanson de Roland* peut lire et interpréter le récit des prouesses du héros de Roncevaux, sans avoir obligatoirement à s'interroger sur la nature exacte de l'événement historique qui lui a servi de point de départ et de support. Dans cette perspective il ne semble donc nullement interdit, pourvu qu'ils relèvent tous deux, de près ou de loin, de la même constellation mythologique, de rapprocher ce récit d'un autre récit, celui-ci fût-il d'ordre purement littéraire, privé par conséquent de toute référence événementielle. Dans le long poème dramatique de *Tête d'Or,* écrit en 1890, soixante ans donc avant l'arrivée de M. Pinay sur le théâtre de l'histoire, Paul Claudel met en scène la brusque irruption d'un Sauveur à la tête du pouvoir, d'un Héros captant autour de lui toutes les ferveurs de l'espérance collective. Comparer la figure mythique de Tête d'Or au portrait légendifié de M. Pinay, le parallèle risque peut-être d'étonner. Étant admis qu'il ne s'agit ici que de deux systèmes de représentation, deux visions opposées relevant d'une même thématique, la confrontation conserve pourtant toute sa valeur démonstrative.

En fait, le récit claudélien s'organise en trois temps, en trois périodes : l'appel, la puissance et la gloire, le martyre. Au départ un adolescent vagabond du nom de Simon Agnel, errant, incertain, découvre brusquement qu'il est promis à un grand destin. Vers lui il sent monter l'attente de tout un peuple las de l'inertie, de la médiocrité, et de la banalité quotidienne : «Une gloire m'a été donnée, âpre, ennemie des larmes, des femmes et des marmots, elle n'est pas faible... » Cette immense espérance, il va la réaliser, lorsque, général victorieux, devenu Tête d'Or, il tue le vieil empereur, solennel, bienveillant et mou, symbole de la légitimité et de l'ordre établi. « Va-t'en, s'écrie-t-il encore. Je commanderai parce que cela est juste. » « Vorace, obstiné, insatiable », conquérant impossible à satisfaire, commence alors l'interminable aventure qui, de combat en combat, va conduire ses armées jusqu'aux solitudes désertiques du milieu du monde (« Voici que nous avons retrouvé l'espace »). C'est là cependant que Tête d'Or va connaître enfin la défaite et la mort, agonisant supplicié, mis en croix au milieu d'une poignée de derniers fidèles. Au moins leur a-t-il apporté l'aventure, le dépassement d'eux-mêmes, l'accession au tragique : « Pour moi, je vous ai fait lever de votre paresse. Et je vous ai convoqués de l'ombre dans laquelle vous étiez assis... Quelles choses nous fîmes. » Au moins sa volonté, son audace, son appétit de grandeur ont-ils ouvert un nouveau chapitre de l'histoire des hommes : « Les lois de l'usage brisées, la faiblesse humaine surmontée, l'obstacle des choses dissipé... »

Il est bien évident qu'entre le personnage de Tête d'Or et celui de M. Pinay — tel du moins que le présente sa légende —, le rapprochement n'a de sens que dans la mesure où il met en lumière le parfait contraste de deux images, il faut presque aller jusqu'à dire de deux figures symboliques. Le personnage de M. Pinay s'inscrit, sans la moindre équivoque, dans une lignée, un état civil, un milieu. Il possède des biens, exerce une activité professionnelle, connaît le poids des responsabilités familiales. Notable issu d'un lent processus d'ascension sociale, fidèle à ses attaches provinciales, sa carrière politique a suivi avec une régularité exemplaire toutes les étapes du *cursus honorum* de l'État républicain. Son ascension au pouvoir s'est faite sans hâte, sans manifestation d'ambition intempestive et dans le respect le plus strict des institutions en place. Ce n'est pas en vain d'autre part si les biographes du président mettent tant d'insistance à rappeler la simplicité, la familiarité de ses goûts et de ses habitudes : M. Pinay fume la pipe, il aime pêcher à la ligne, il préfère son appartement du boulevard

Suchet, meublé en style Empire, aux fastes des palais nationaux ; « le nouveau président, précise *Paris-Match*, s'habille de tissu anglais sobre, gris ou bleu à rayures blanches, il porte un strict chapeau noir bordé… » Tête d'Or, lui, échappe à toute normalité sociale. Il est sans racines, sans toit, sans héritage ; son lieu de naissance même est inconnu. C'est avec une sorte d'avidité farouche qu'il se rue vers l'aventure, la gloire, la puissance : « Que tenterai-je ? Sur quoi me jetterai-je d'abord ?… » Le pouvoir suprême, il le conquiert par la force et par le meurtre, tuant l'empereur, symbole de l'ordre ancien et domptant sans ménagement la multitude, « cette basse chiennaille » : « O énorme charge d'hommes ignorants, je me lève malgré vous ! Vous plierez devant moi, ou je mourrai et ne supporterai pas plus longtemps les lois de votre abrutissement… » Quant à cette expédition insensée jusqu'aux confins du monde où va s'achever sa vie, elle n'a, de toute évidence, aucun rapport avec la sagesse très pragmatique que M. Pinay s'efforce de faire prévaloir au sommet de l'État.

Plus profondément, sous-jacents aux deux récits biographiques, ce sont en fait deux systèmes de valeurs qui se trouvent opposés. Le personnage de M. Pinay n'est pas celui d'un doctrinaire. Il reste cependant admirablement représentatif d'un certain état d'esprit, d'une certaine conception de la France, de la vie sociale, de la morale collective. La France de M. Pinay est celle des Livres de raison, des comptes scrupuleusement tenus, des vertus de travail, de prévoyance et d'épargne. L'État doit être administré selon les mêmes principes et les mêmes règles qu'une entreprise privée, le respect des contrats et le souci de la balance des comptes constituant les critères fondamentaux de sa bonne gestion. La pondération, le sens de « la juste mesure », la méfiance à l'égard des excès des idéologues et des aventuriers, c'est par ces qualités que se reconnaissent, à la tête des affaires publiques, la lignée des « grands commis » chers à nos anciens manuels scolaires, la tradition des Sully, des Colbert ou des Poincaré. D'où, dans le légendaire de M. Pinay, l'intérêt décisif porté au panier de la mère de famille : contrastant avec « sa méfiance des dossiers », *Paris-Match* prête au nouveau président du Conseil « une mémoire de ménagère concernant le coût au kilo ou à la livre de la sole, du beurre, des épinards ». D'où également l'importance accordée aux risques monétaires : la première tâche assignée à M. Pinay est celle de la « restauration du franc » et il n'est peut-être pas symboliquement sans signification que l'emprunt mis en circulation par son gouvernement soit garanti sur l'or. On songe à la place tenue dans la conscience française du siècle dernier par le principe de la stabilité monétaire, l'image longtemps intangible du « franc germinal », les déchirements des premières dévaluations. On songe aussi aux valeurs éthiques attachées par toute une mentalité paysanne et bourgeoise au capital même ou plutôt au mécanisme de sa lente accumulation, fruit de la patience, de l'effort persévérant, de la rigueur, du sacrifice quotidien imposé à soi-même. La formule de Zola sur « le rôle civilisateur de l'Argent » demeure caractéristique de toute une conception, plus que largement dominante, de la morale individuelle et du progrès social.

L'antithèse n'est pas factice : c'est très précisément dans et par le refus — refus brutal, véhément, exaspéré — de cet ensemble de valeurs que se définit le personnage claudélien de Tête d'Or. Dans la vie d'une cité apparemment paisible, son irruption est à la fois celle du lyrisme et de la tragédie. Possédé lui-même par le rêve de reculer jusqu'aux limites les plus extrêmes l'exaltation de sa volonté, les forces auxquelles il fait appel sont celles de la rupture, de l'aventure et du mouvement. C'est aux rebelles, aux marginaux qu'il s'adresse, à ceux que ne satisfont ni la paix, ni l'ordre, ni le cours régulier des travaux et des jours. A ceux-ci, ceux qui sont « las de cette vie de tailleur », qu'indigne « cette vile et monotone après-midi, reste de la digestion et veille du somme », il ne promet rien d'autre qu'un destin plus dense et plus fort : « Que le vent de l'air libre et le soleil rouge frappent nos visages ! Le monde verra et il sera frappé d'égarement... » Les valeurs ménagères, les symboles de l'économie bourgeoise — le pain, la maison, le métier — sont encore une fois évoqués, — mais c'est pour être aussitôt ridiculisés et bafoués :

Je ne suis pas venu comme l'humble dieu de la soupe
Bienveillant, clignant des yeux dans la vapeur de la viande et du
chou.
Pousse un cri âpre mon âme, élance-toi en avant !
Je vous propose de vous laver de votre honte et de vous lever de
votre bassesse,
Et de vous venger d'un sort dur et méprisable [...]
L'un vit et chicane pour son manger, et son somme et son loisir, et
sa part de malheur, et les lèvres sucrées des demoiselles et les
travaux de la paternité.
Mais l'autre, comme un dieu, aura sa part de commandement...

D'un côté donc le petit industriel de Saint-Chamond et son chapeau noir à bord roulé, contrôleur méticuleux du cours des fruits et des légumes. De l'autre, l'aventurier fulgurant qui mourra supplicié au crépuscule d'une déroute. Il n'en reste pas moins que, dans l'histoire de l'imaginaire politique français, tous deux relèvent bien en fin de compte d'un même légendaire : celui de l'Homme providentiel, du Chef, du Guide, du Sauveur. Personnages symboles, à travers l'un et l'autre s'exprime une vision cohérente et complète du destin collectif. Autour d'eux se cristallisent de puissantes poussées d'émotion, d'attente, d'espoir et d'adhésion. Tous deux héros en somme dans le sens que le vieux mythe gréco-latin attribuait à ce terme... Mais héros placés sous des signes différents, dotés d'attributs contradictoires, appelés à remplir des fonctions opposées. Pour l'un, héros de la normalité. Pour l'autre, héros de l'exception.

QUATRE MODÈLES

Héros de la normalité, héros de l'exception... Nous nous trouvons placés en l'occurrence aux points les plus extrêmes d'un même espace mythologique, et c'est précisément ce qui donne leur intérêt aux deux exemples choisis. Entre ces deux bornes liminaires, on ne saurait cependant oublier la multiplicité des cas présentés par notre seul légendaire national. Depuis près de deux siècles l'appel au Sauveur ne cesse en effet de retentir dans notre histoire. De Napoléon Bonaparte à Philippe Pétain et à Charles de Gaulle, en passant par Boulanger, Poincaré ou Doumergue, autour d'un personnage privilégié tend à se former une même constellation d'images. Constellation mouvante sans doute, plus ou moins ample, à la coloration changeante, aux contours parfois mal définis, mais dont la permanence et l'identité ne peuvent échapper à l'observation. Il reste seulement à en définir les structures. Il reste aussi à s'interroger sur les modalités de sa cohérence et les conditions de sa genèse.

Problèmes apparemment aisés à formuler, mais dont l'examen se heurte aussitôt à un certain nombre d'obstacles d'une assez redoutable complexité. Une première constatation vient d'abord en compliquer l'approche : l'impossibilité, présente dans la plupart des cas (et quelle que soit la valeur méthodologique de la distinction précédemment faite), de tracer une ligne de démarcation relativement précise entre la fabulation légendaire et le récit d'ordre historique. Philippe Pétain a bien été le vainqueur, officiellement reconnu, de la bataille de Verdun. Charles de Gaulle a bien lancé de Londres, le 18 juin 1940, un appel aux Français les invitant à continuer la lutte. Montenotte, Lodi, Rivoli ne sont pas faits d'armes imaginaires accomplis par un quelconque héros de l'Arioste, mais les noms de victoires authentiques remportées à des dates très précises par un jeune général en chef dont il est difficile de contester l'existence. Toute la question est évidemment de savoir comment s'opère le passage de l'historique au mythique, comment joue, en d'autres termes, ce mystérieux processus d'héroïsation qui aboutit à la transmutation du réel et à son absorption dans l'imaginaire... L'interrogation se trouvant d'ailleurs rendue plus délicate encore par la présence, plus ou moins importante mais toujours décelable dans ce type de construction mythique, d'une certaine part de manipulation volontaire. Sans aller jusqu'à évoquer les formes contemporaines, les plus systématiques et les plus massives, de la propagande politique, la légende napoléonienne elle-même reste à cet égard très suffisamment exemplaire. Les *Bulletins* de la Grande Armée, les commandes de l'iconographie officielle, l'utilisation du théâtre et de la musique, pour finir le *Testament de Sainte-Hélène* témoignent sans équivoque d'un dessein concerté de fabrication. Les ethnologues nous l'enseignent : il n'est pas de chamanisme sans une certaine mise en scène, pas de sorcier qui ne soit aussi comédien.

Nécessité donc de distinguer la part du réel et celle de l'imaginaire, la part de la spontanéité créatrice et celle de la construction intentionnelle. Mais nécessité aussi de tenir compte du fait que, s'étalant le plus souvent sur une assez large dimension chronologique, le processus d'héroïsation peut se présenter organisé en plusieurs périodes successives, sensiblement différentes les unes des autres par leur tonalité affective. Il y a le temps de l'attente et de l'appel : celui où se forme et se diffuse l'image d'un Sauveur désiré, cristallisant autour d'elle l'expression collective d'un ensemble, le plus souvent confus, d'espoirs, de nostalgies et de rêves. (Et il se peut que cette image ne s'incarne jamais dans un personnage existant, que l'attente reste vaine, l'appel jamais entendu...) Il y a le temps de la présence, du Sauveur enfin survenu, celui sans doute où le cours de l'histoire est en train de s'accomplir, mais celui aussi où la part de la manipulation volontaire pèse du poids le plus lourd dans le processus de l'élaboration mythique. Et il y a encore le temps du souvenir : celui où la figure du Sauveur, rejetée dans le passé, va se modifier au gré des jeux ambigus de la mémoire, de ses mécanismes sélectifs, de ses refoulements et de ses amplifications. L'image mythique du général de Gaulle dans sa phase guerrière, chef de la France combattante, ne se confond ni avec celle du premier président d'une République nouvelle, ni avec celle du Sage disparu dont la mort n'a pas dissipé l'ombre tutélaire.

Mais on ne saurait surtout oublier que, à partir du moment où tout mythe de ce type prend une certaine ampleur collective, il tend à combiner plusieurs systèmes d'images ou de représentations, à se constituer en d'autres termes comme une sorte de carrefour de l'imaginaire où viennent se croiser et s'enchevêtrer les aspirations et les exigences les plus diverses, parfois les plus contradictoires. Encore une fois la légende napoléonienne constitue ici la plus significative des références[22]. Selon les moments et selon les milieux, Napoléon Bonaparte a incarné à la fois l'ordre et l'aventure, le messianisme révolutionnaire en marche et le principe d'autorité restauré. Il a été exalté par les uns comme le symbole de l'épopée guerrière et salué par les autres comme le garant d'un avenir pacifiquement assuré. Nietzsche l'a admiré comme un héros de l'action tragique ; Béranger a chanté en lui le souverain familier, ami des humbles et des petits, homme parmi les hommes et n'ignorant rien des faiblesses de sa condition : « Le peuple encore le révère, oui le révère. Parlez-nous de lui grand-mère, parlez-nous de lui... » Le demi-dieu des combats n'est plus ici qu'un malheureux, trahi par le destin qui se nourrit d'un morceau de pain bis et s'endort auprès du feu. En fait, au-delà de ce foisonnement de projections oniriques, de cette multiplicité d'images cristallisées autour d'un même personnage ce sont — en simplifiant quelque peu — quatre modèles essentiels qu'il semble permis de dégager. Quatre modèles qui, dans de nombreux cas, les plus riches de contenu mythique, viennent effectivement se superposer ou se chevaucher. Mais quatre modèles qu'il est également possible d'isoler, d'appréhender et de définir dans la spécificité de leurs références, de leurs symboles et de leur langage.

Le premier modèle est celui de Cincinnatus et c'est notamment, dans le cours récent de notre histoire, Doumergue en 1934, Pétain en 1940, dans une large mesure de Gaulle en 1958. L'image légendaire est, de toute façon, celle d'un vieil homme qui s'est illustré en d'autres temps dans les travaux de la paix ou de la guerre. Il a exercé avec honneur de hautes charges, de grands commandements, puis a choisi une retraite modeste loin des tumultes de la vie publique. Interrompant une vieillesse paisible et respectée (« le sage de Tournefeuille », ainsi la presse nomme-t-elle, du nom de la localité campagnarde où il s'est retiré, l'ancien président de la République Gaston Doumergue), l'angoisse de tout un peuple confronté brusquement au malheur l'appelle ou le rappelle à la tête de l'État. Ayant «fait don de sa personne» à la patrie, provisoirement investi d'un pouvoir suprême d'essence monarchique, sa tâche est d'apaiser, de protéger, de restaurer. Les vertus qu'on lui attribue et dont on attend le salut de la cité menacée correspondent très exactement au terme global utilisé par les Latins pour désigner une certaine forme d'exercice de l'autorité politique et qui est celui de *gravitas :* la fermeté dans l'épreuve, l'expérience, la prudence, le sang-froid, la mesure, la modération.

«Je n'aspirais qu'au repos», assure en mars 1934 le président Doumergue rappelé au pouvoir après les troubles du 6 février. «Mon âge me permettait d'aspirer au repos que j'avais peut-être mérité», déclare de son côté le maréchal Pétain en 1945 devant la Commission d'instruction de la Haute Cour. En fait, la référence à l'histoire, le poids du souvenir jouent ici un rôle essentiel : ce n'est rien d'autre que le passé — un passé d'ordre ou de gloire — qui se trouve appelé au secours du présent — un présent de confusion ou de défaite. D'où, dans le discours du légendaire de ce type, la place essentielle occupée par les principes de continuité et de stabilité, les valeurs de permanence et de conservation. C'est la terre que l'on évoque, cette terre «qui ne meurt pas», immuable, nourricière, maternelle, source de toute vie renaissante. («Enraciner l'homme français dans la terre de France», Philippe Pétain, 25 août 1940.) Et c'est aussi la maison — la maison qu'il convient de sauvegarder, de restaurer, de reconstruire. («Rebâtir la maison France», «rétablir l'ordre dans la maison», aménager «un vaste, solide et durable édifice», ces formules sont encore de Pétain et datent des années 1940 et 1941.) Le foyer, la flamme rassurante autour de laquelle on se regroupe, le toit, les murailles, ces images sont inséparables de toute une thématique — en l'occurrence décisive — de l'abri, du refuge et de la protection [23].

A la *gravitas,* à la sagesse circonspecte d'un illustre retraité, il convient d'opposer, emprunté encore au vocabulaire latin, un autre substantif, celui par lequel se trouvent évoqués l'élan, la hardiesse conquérante des jeunes capitaines avides de se précipiter dans la gloire : la *celeritas.* A l'archétype de Cincinnatus fait pendant celui d'Alexandre. Celui-ci ne porte ni le sceptre, ni la main de justice, mais l'épée. Il ne fait pas « don de lui-même », il s'empare des foules qu'il subjugue. La légitimité de son pouvoir ne procède pas du passé, ne relève pas de la piété du souvenir ; elle s'inscrit dans l'éclat de l'action immédiate. Le geste de son bras n'est pas symbole de protection, mais invitation au départ, signal de l'aventure. Il traverse l'histoire en un éclair fulgurant. Héros de la jeunesse et du mouvement, son impétuosité va jusqu'à dompter la nature : il franchit les montagnes, traverse les déserts, bondit par-dessus les fleuves... Telle est bien la place qu'occupe, dans cet immense complexe mythologique que représente la légende napoléonienne, l'image du jeune Bonaparte, celle du vainqueur des deux campagnes d'Italie de 1795 et de 1800. C'est ainsi que le peint David : franchissant le col du mont Saint-Bernard, maîtrisant un cheval qui se cabre, enveloppé par le vent, désignant du doigt les plaines et les villes promises à sa convoitise. C'est ainsi également, après Stendhal, que le voit Barrès, « songeur, farouche, avec le teint bleuâtre des jeunes héros qui rêvent de l'Empire ». « Quand on eut sur son visage essuyé les sueurs de l'agonie, poursuit Barrès en évoquant le cadavre de Sainte-Hélène, on vit réapparaître l'aigu de sa jeunesse, l'arc décidé des lèvres, l'arête vive des pommettes et du nez. C'était cette expression héroïque et tendue qu'il devait laisser à la postérité comme essentielle et explicative. Le jeune chef de clan du pays corse, le général d'Italie et d'Égypte, le premier consul, voilà en effet le Napoléon qui ne meurt pas, celui qui a soutenu l'empereur dans toutes ses réalités et qui supporte sa légende dans toutes les étapes de son immortalité [24]. »

Cadences lourdes de nostalgie épique qui n'est cependant qu'un écho au prodigieux récit que, dans le *Médecin de campagne,* Balzac prête à Goguelat, l'ancien soldat, lorsque au fond d'une grange, debout sur une botte de foin, celui-ci « raconte l'empereur ».

Ah bien oui, en chef tout de suite [raconte Goguelat, après avoir rappelé l'étrange et fabuleuse naissance du héros], en Corse

75

qu'est une île française, chauffée par le soleil d'Italie, où tout bout comme dans une fournaise [...] Il n'avait pas l'air d'avoir plus de vingt-trois ans, qu'il était vieux général, depuis la prise de Toulon, où il a commencé par faire voir aux autres qu'ils n'entendaient rien à manœuvrer les canons. Pour lors, nous tombe tout maigrelet général en chef à l'armée d'Italie, qui manquait de pain, de munitions, de souliers, d'habits, une pauvre armée nue comme un ver. « Mes amis, qui dit, nous voilà ensemble. Or, mettez-vous dans la boule que d'ici à quinze jours vous serez vainqueurs, habillés à neuf, que vous aurez tous des capotes, de bonnes guêtres, de fameux souliers; mais, mes enfants, faut marcher pour les aller prendre à Milan, où il y en a. » Et l'on a marché. Le Français, écrasé, plat comme une punaise se redresse. Nous étions trente mille va-nu-pieds contre quatre-vingt mille fendants d'Allemands, tous beaux hommes, bien garnis que je vois encore. Alors Napoléon, qui n'était encore que Bonaparte, nous souffle je ne sais quoi dans le ventre. Et l'on marche la nuit, et l'on marche le jour, l'on te les tape à Montenotte, on court les rosser à Rivoli, Lodi, Arcole, Millesimo, et on ne te les lâche pas. Le soldat prend goût à être vainqueur. Alors Napoléon vous enveloppe ces généraux allemands qui ne savaient où se fourrer pour être à leur aise, les pelote très bien, leur chipe quelquefois des dix mille hommes d'un seul coup en vous les entourant de quinze cents Français qu'il faisait foisonner à sa manière. Enfin, leur prend leurs canons, vivres, argent, munitions, tout ce qu'ils avaient de bon à prendre, vous les jette à l'eau, les bat sur les montagnes, les mord dans l'air, les dévore sur terre, les fouaille partout. [...] Un homme aurait-il pu faire cela? Non, Dieu l'aidait, c'est sûr. Il se subdivisionnait comme les cinq pains de l'Évangile, commandait la bataille le jour, la préparait la nuit, que les sentinelles le voyaient toujours allant et venant, et ne dormait ni ne mangeait...

Héros inspiré donc, à qui Dieu a donné le droit « d'écrire son nom en rouge sur la terre », promis comme il se doit à une chute grandiose, abandonné de ceux dont il assure la fortune, capturé par trahison et que ses ennemis « vont clouer dans une île déserte, sur un rocher élevé de dix mille pieds au-dessus du monde », d'où un jour peut-être le destin le rappellera. Ce Napoléon du récit balzacien, qui quitte l'ordre humain pour entrer dans celui du sacré, ne se confond pas cependant, dans la mémoire légendaire, avec une autre image de l'empereur : celle du législateur, du fondateur d'un ordre institutionnel nouveau. L'iconographie du Consulat et de l'Empire privilégie peut-être le général vainqueur, le conquérant au regard brûlant. Elle n'oublie pas pour autant de le montrer participant aux délibérations du Conseil d'État, replacé dans un décor dépouillé de tout pathétique guerrier, le geste sobre, le visage attentif, appliqué à la méditation et à la démonstration. « Il jette par ses lois, commentera Thiers, les bases de la société moderne. » Il n'est plus alors ce météore de l'histoire dont le destin s'inscrit dans une aventure fulgurante mais éphémère. C'est dans la perspective de la durée que son personnage trouve son accomplissement. Posant et définissant les règles qui seront demain celles de la vie collective, il construit l'édifice que les générations futures auront pour tâche de maintenir. « Il faut lui savoir gré, ajoute Thiers, de nous avoir donné, avec l'ordre, notre état civil et notre organisation administrative. »

L'image de l'Homme providentiel se présente ainsi sous la forme d'un troisième modèle. L'archétype de Solon, le législateur, vient se substituer à celui d'Alexandre, le conquérant. Archétype que l'on retrouve en 1940 et en 1941, dans les premiers temps de la Révolution nationale, à travers une certaine image du maréchal Pétain, fondateur d'un « ordre nouveau ». Que l'on retrouve aussi, plus fortement accusé, dans celle du de Gaulle de 1958, posant les principes et les règles d'une République nouvelle. Dont l'expression la plus générale serait cependant à rechercher dans cette référence — si constante dans le discours politique et plus spécialement dans le discours politique français — à la mémoire des « Pères fondateurs ». Déjà, aux derniers temps de l'Ancien Régime, l'habitude était prise de comparer ou d'opposer les formes présentes de l'exercice du pouvoir royal à une certaine image du « Bon Roi », celle-ci se confondant avec le respect de ce qui était affirmé comme constituant les principes premiers et fondamentaux de la Monarchie française. Mais il n'est guère aujourd'hui de famille politique qui ne trouve toujours nécessaire, lorsqu'il s'agit d'affirmer sa légitimité ou d'assurer sa continuité, de faire appel à l'exemple et aux leçons d'un certain nombre de « grands ancêtres » sacralisés par la légende. C'est au nom de la fidélité aux messages qu'ils ont dictés, de la conformité aux principes qu'ils ont posés ou aux institutions qu'ils ont fondées que l'on entend répondre aux interpellations et aux défis du présent. Uniformisées dans un même type de représentation, la tête haute et grave, le front serein, le regard assuré, les mains posées sur les textes qui assurent la pérennité de leur gloire, leurs images encombrent tous les carrefours de notre histoire.

Dernier modèle enfin : Moïse ou l'archétype du prophète. Annonciateur des temps à venir, il lit dans l'histoire ce que les autres ne voient pas encore. Conduit lui-même par une sorte d'impulsion sacrée, il guide son peuple sur les chemins de l'avenir. C'est un regard inspiré qui traverse l'opacité du présent, une voix, qui vient de plus haut ou de plus loin, qui révèle ce qui doit être vu et reconnu pour vrai. C'est encore une fois Napoléon, celui du légendaire de Sainte-Hélène qui, de l'ombre où il est déjà à demi englouti, annonce la libération des peuples et l'avènement des nationalités. Et c'est aussi, plus proche de nous, le général de Gaulle, tel du moins qu'après sa mort le voit André Malraux [25], dont la mystérieuse grandeur ne vient, nous dit celui-ci, ni de ce qu'il fut un grand capitaine, ni de ce qu'il fut un grand politique, mais du fait essentiel « qu'il a porté la France en lui, un peu le prophète »… « Il a rétabli la France à partir d'une Foi », précise Malraux qui tout naturellement le définit comme un « chef d'ordre religieux », voit en lui le successeur et le continuateur d'un saint Bernard, des « prêcheurs de Croisades, des fondateurs d'ordre ». Le destin du Général s'identifie à celui de la France. Il porte en lui le passé de tout un peuple ; il se confond même, dans la solitude des derniers mois de sa vie, avec le paysage qui l'entoure. « A quel point, il est le passé de la France, un visage sans âge, comme, derrière lui, la forêt couverte de neige qu'il a maintenant épousée… »

Processus d'identification d'un destin individuel et d'un destin collectif, d'un peuple tout entier et de l'interprète prophétique de son histoire, qui trouve de toute évidence son aboutissement exemplaire dans la cohorte assez hallucinante de ces grands « chefs » dictatoriaux dont notre siècle a vu se multiplier les images. Orateurs de caractère quasi sacré, c'est d'abord par le Verbe qu'ils agissent, par la parole qu'ils entendent décider du cours de l'histoire. « Que fit donc Jésus-Christ ? commente Goebbels. A-t-il écrit des livres ou prêché ? Et Mahomet ?... Regardez notre époque. Mussolini était-il un écrivain ou un grand orateur ? Lorsque Lénine alla de Zurich à Saint-Pétersbourg, courut-il de la gare à son bureau pour écrire un livre ou parla-t-il à la foule ? Seuls les grands créateurs de Mots ont fait le bolchevisme et le fascisme. » C'est par la puissance spécifique du Verbe que s'opère en effet cette étrange communion qui fait que, le chef prophétique s'adressant à la foule, c'est également la foule qui s'exprime en lui, avec lui. Hitler se compare volontiers à un tambour, à une caisse de résonance : sa voix n'est rien d'autre que celle, amplifiée, médiatisée, de tous les hommes et de toutes les femmes de l'Allemagne. « Je ne suis rien sans vous, déclare-t-il, mais tout ce que vous êtes, vous l'êtes par moi. » Situation d'absorption réciproque du peuple et de son guide que traduit assez bien cette autre formule : « Le Führer parle et agit non seulement pour le peuple et à sa place, mais en tant que peuple. En lui le peuple trouve son visage [26]. »

Le Voyant, le Chef prophétique n'apparaît plus alors comme le simple représentant, le simple exécutant de la volonté générale. Il en est l'incarnation au sens le plus profondément religieux du terme : il l'incarne dans la totalité de ses dimensions sociales ; il l'incarne aussi dans la totalité de son destin historique, dans son passé, dans son présent et dans son avenir. Se perdre en lui, sans doute est-ce renoncer à son identité individuelle ; mais c'est retrouver en même temps l'intégralité de son identité collective, la fusion intime et indissoluble avec la communauté mère. « N'acceptez comme règles de votre être ni principes, ni idées. Le Führer en lui-même, et lui seul, est, pour le présent comme pour l'avenir, la réalité allemande et sa loi. » L'affirmation est de Heidegger lui-même en une heure assez déconcertante de sa vie. Ces vers de

Baldur von Schirach la répéteront sur un autre mode — plus apte sans doute à capter les forces de l'imagination et du cœur — qui feront dire au Guide dans ses premiers combats [27]...

Vous êtes plusieurs milliers derrière moi
Et vous êtes moi et je suis vous.
Je n'ai eu de pensées qui n'aient levé dans vos cœurs
Au moment où je parle je ne puis qu'exprimer
ce qui se trouve déjà dans votre volonté
Car je suis vous et vous êtes moi
et nous croyons tous, Allemagne, en Toi.

LA MARQUE DE L'HISTOIRE

A quelque modèle qu'il se réfère, qu'il s'agisse de Cincinnatus, d'Alexandre, de Solon ou de Moïse, et même s'il exprime une puissance d'ordre institutionnel ou sacerdotal, l'homme providentiel apparaît toujours comme un lutteur, un combattant. Toujours menacé, toujours arc-bouté au bord du gouffre, il refuse de se soumettre au destin. Qu'il restaure l'ordre établi ou qu'il le bouleverse, qu'il organise ou qu'il annonce celui qui vient, c'est toujours, d'autre part, sur une ligne de rupture des temps que se situe son personnage. C'est dans l'apparition du présent immédiat — présent de décadence, de confusion ou de ténèbres — qu'il s'affirme et se définit; avec lui, grâce à lui, l' « après » ne sera plus comme l'« avant ». Associés à l'expression de sa légende, ce sont toujours d'ailleurs les mêmes images, les mêmes symboles de verticalité et de lumière que l'on retrouve. Ce peut être l'arbre qui se dresse et qui protège. (Et c'est Malraux qui évoque, après la mort de Charles de Gaulle, le vers fameux de Hugo sur « les chênes qu'on abat » ; et c'est aussi le plus haut des chênes de la forêt de Tronçais qui fut, en son temps, consacré à Philippe Pétain.) Mais ce peut être encore la torche qui brûle et qui éclaire, le phare, la colonne, le soleil ascendant ou ce «brasier du buisson ardent» auquel Claudel compare Tête d'Or...

Est-il possible cependant de réduire l'analyse à la permanence de cette seule symbolique? Est-il possible de la figer dans la seule description d'une structure immuable et de caractère intemporel? Le mythe politique ne manque jamais, nous le savons, de s'enraciner dans une certaine forme de réalité historique. Mais la constatation prend, dans ce cas particulier, une valeur quasi déterminante. Certes, la légende est très loin de toujours correspondre à la réalité objective telle que celle-ci peut apparaître au regard de l'historien. Certes, le récit légendaire constitue en lui-même, par lui-même l'objet spécifique de notre essai d'analyse. S'agissant toutefois de personnes humaines, très concrètement et très précisément insérées dans un certain espace géographique et dans une certaine phase du temps, il n'est guère concevable que le récit en question échappe totalement à la marque de l'histoire, ne témoigne pas, d'une façon ou d'une autre, de la présence de l'histoire. Les grands héros imaginaires, prototypes éternels proposés au rêve et à la méditation des générations successives, Œdipe, Faust, Don Juan, la littérature comme la peinture peuvent leur prêter les visages les plus divers. Ils ne sont dépendants d'aucune chronologie, d'aucun contexte événementiel. Ils peuvent être et ils ont été sans cesse réinventés, réinterprétés; chacun d'entre nous-même se trouve libre de reconstruire à son gré leurs personnages. De toute évidence tel ne peut être le cas d'un être de chair et de sang, historiquement définissable et dont le processus d'héroïsation ne saurait faire oublier les traits particuliers qui sont ceux d'une personnalité et d'un destin [28]. La légende de M. Pinay, telle qu'elle se trouve exprimée en 1951-1952 à travers les textes de ses biographes, relève bien d'une certaine forme de l'imaginaire mythologique. Mais cette légende reste également inséparable de la personne même de l'homme d'État, c'est-à-dire d'un visage, d'une silhouette, d'un passé, de manières particulières d'être, de penser, de parler et d'agir. (Symbole, à la limite et si l'on y tient, de respectabilité bourgeoise, de sécurité et de stabilité, le célèbre chapeau «à bord roulé » porté par le président n'en reste pas moins — toutes les photographies du temps en témoignent — un très concret et très véridique couvre-chef, appelé à exercer toutes les fonctions habituelles de ce type d'appareil vestimentaire.) Plus le mythe prend de l'ampleur, plus il s'étend sur un large espace chronologique et se prolonge dans la mémoire collective, plus on doit d'ailleurs s'attendre à voir les détails biographiques, les caractéristiques physiques prendre de l'importance. La haute taille du général de Gaulle, l'accent gouailleur de sa voix, ses formules, ses boutades et ses insolences, sa légende serait-elle aujourd'hui la même si elle n'en avait pas conservé la mémoire ?

Autre remarque de caractère plus général et de signification sans doute plus importante pour l'historien des mentalités : si le mythe ne peut manquer de conserver l'empreinte du personnage autour duquel il se construit, si, tout en les magnifiant, il tend à assurer à travers le temps la pérennité des traits spécifiques qui sont ceux de son visage, il ne peut manquer par ailleurs de dépendre lui-même, dans sa forme comme dans son contenu, des circonstances, historiquement circonscrites, dans lesquelles il s'élabore. Tout processus d'héroïsation implique, en d'autres termes, une certaine adéquation entre la personnalité du sauveur virtuel et les besoins d'une société à un moment donné de son histoire. Le mythe tend ainsi à se définir par rapport à la fonction majeure qui se trouve épisodiquement attribuée au héros, comme une réponse à une certaine forme d'attente, à un certain type d'exigence. L'image du Sauveur n'est pas la même selon que celui-ci est appelé à faire face à un péril extérieur, à conjurer une crise économique ou à prévenir les dangers d'une guerre civile. Le légendaire de Clemenceau est inséparable de la tragédie de 1917, celui de Raymond Poincaré témoigne de la grande peur financière de l'année 1925, celui de Gaston Doumergue s'impose en réponse, en l'occurrence très provisoire, aux événements sanglants de février 1934. Il se peut même que le pathétique de certaines situations implique un double phénomène d'effervescence mythique, l'appel non pas à un, mais à deux sauveurs aux fonctions contradictoires et cependant complémentaires. Tel par exemple, dans le cas de la France durant la période de l'occupation, le rôle joué par le couple Pétain-de Gaulle — couple antagoniste dans ses principes, mais qui, durant un certain temps du moins, semble bien être resté assez étroitement associé dans les espérances et les rêves de beaucoup de Français : l'un étant censé incarner le Bouclier et l'autre le Glaive, le premier répondant à un besoin de sécurité et de protection, le second à une réaction simultanée d'orgueil blessé, à un appel vers l'aventure et vers l'action.

Marqué, conditionné par le contexte événementiel dans lequel il se développe, le mythe peut ainsi apparaître, et de manière plus suggestive encore, comme une sorte de révélateur idéologique, le reflet d'un système de valeurs ou d'un type de mentalité. Il suffit de suivre la destinée posthume de la légende napoléonienne pour apercevoir dans le Napoléon des romantiques, dans celui des hommes de 1848 et dans celui de la jeunesse littéraire de la fin du siècle, l'une des images privilégiées autour desquelles viennent se cristalliser, dans leur diversité et aussi dans leurs contradictions, les ambitions, les élans, les phantasmes et les certitudes de chaque génération. Les valeurs incarnées par le personnage de M. Pinay en exacte continuité avec le légendaire d'un Raymond Poincaré et d'un Gaston Doumergue — valeurs, on le sait, de travail, d'épargne, de prévoyance et d'indépendance individuelle — sont celles que prêchait déjà, après beaucoup d'autres depuis le milieu du XVIIIᵉ siècle, ce livre au titre si caractéristique *le Bon Sens d'un homme bien ou Traité de politique à l'usage des simples,* publié en 1829 et œuvre d'un ami de Béranger, Joseph Bernard, futur préfet de Louis-Philippe. Ce sont celles que va diffuser, tout au long de la IIIᵉ République, une immense littérature pédagogique et qui, associées aux postulats de l'idée républicaine, vont fournir à l'ensemble de la société française les principes essentiels de sa morale collective... Inversement, et concernant un milieu beaucoup plus restreint, il n'est guère difficile de distinguer, à travers le culte du héros prêché par les jeunes intellectuels du début de notre siècle, avec les influences convergentes du nietzschéisme et du bergsonisme, tout un mode spécifique de pensée et de sensibilité : l'exaltation des forces de vie, le sens retrouvé du tragique, l'invitation à l'action. « Stimulateur d'énergie » selon Barrès, le héros est pour D'Annunzio celui autour duquel « toutes les âmes prennent leur plus grand éclat, illuminent de vastes éclairs le ciel de l'esprit ». Dans le tombeau qu'il dresse à la mémoire du jeune mort héroïsé à qui il donne le nom de Maximin, le poète allemand Stephan George salue en celui-ci « sa puissance de métamorphose [29] ». C'est grâce à ce pouvoir que tous ceux qui ont approché Maximin pourront « maintenant s'épanouir, plus larges et plus beaux ». « Donnez-nous des grands hommes et de grandes actions pour que nous retrouvions le sens des grandes choses, fera dire dans le même sens Drieu La Rochelle à l'un des personnages de ses romans. Chaque héros nourrit dix grands artistes ; Goethe et Hugo se sont trempés dans le sang versé par Napoléon [30]... »

Sur un plan un peu différent, il est également permis de penser que, pour toute société, une étude quelque peu attentive de l'image de ses héros salvateurs et de leur légendaire historique ferait apparaître, avec une évidente netteté, les « modèles d'autorité » inhérents à cette société et caractéristiques de celle-ci. Dans le cas de la France contemporaine notamment, il conviendrait de rappeler le poids particulier de responsabilité — et de respectabilité — sociales dont se sont trouvés investis ces deux personnages essentiels du civisme républicain que furent pendant longtemps l'instituteur et l'officier, le maître d'école et le chef militaire. L'idéal de régénération morale des débuts de la IIIe République les avait associés dans un même dessein : à l'instituteur le soin d'instruire les futurs soldats, à l'officier la tâche de poursuivre et de compléter leur éducation de citoyens, l'un et l'autre constituant les pivots autour desquels on entendait reconstruire la conscience nationale. Or il est assez significatif de constater que c'est précisément ce double prestige du commandement militaire et du magistère moral que paraît incarner la personne du maréchal Pétain dans les mois qui ont immédiatement suivi la défaite de 1940 et qui explique assez largement l'indiscutable ferveur de l'adhésion dont celle-ci semble alors avoir bénéficié [31]. « L'instituteur, le professeur, l'officier, participant à la même tâche, ont à s'inspirer des mêmes traditions et des mêmes vertus », avait déclaré le Maréchal en 1934 en une formule que n'eût pas désavouée Jules Ferry. Paradoxalement c'est dans le développement même du culte organisé autour d'un Chef, soldat illustre mais dont l'autorité s'exprime avant tout sous la forme de préceptes, de leçons de morale sociale, que Vichy témoigne le plus authentiquement de sa fidélité à un certain type de système conceptuel hérité de la IIIᵉ République. A travers un style d'autorité, c'est un long façonnement social des attitudes et des comportements, des réflexes de respect et d'adhésion qui se découvre dans toute la force de son empreinte.

Mais n'est-il pas lui aussi significatif le soin du général de Gaulle, parlant sous la Vᵉ République en qualité de chef d'État — et de chef d'État répondant aux critères les plus évidents de la constitutionnalité —, de revêtir l'uniforme chaque fois qu'il s'est agi pour lui de s'adresser à l'opinion publique avec une certaine solennité ? Il va de soi que Charles de Gaulle, président de la République, ne représente en aucune façon l'armée en tant qu'ordre ou en tant que corps ; avec lui ce n'est nullement l'institution militaire qui détient ou accapare le pouvoir ; les fonctions qu'il a exercées autrefois dans ses rangs peuvent même paraître modestes par rapport à la dignité suprême dont il se trouve alors très démocratiquement investi. Comme pour le vieux maréchal quelques années auparavant, tout se passe cependant comme si, pour lui et sans doute aussi pour la majorité de ses compatriotes, le fait d'arborer les insignes du commandement militaire correspondant à son grade conférait à son discours un surcroît de crédibilité, de prestige et, tout compte fait, d'autorité. Ce surcroît d'autorité morale est très évidemment à mettre en rapport avec l'importance du rôle tenu par l'armée dans l'histoire de l'idée nationale française : l'armée peu à peu considérée par l'opinion dominante dans le cours du siècle dernier comme extérieure à la mêlée des partis et des factions, célébrée en même temps que le drapeau, au culte duquel elle se trouve associée, comme un principe majeur de permanence et d'unité [32]. Mais ici encore la symbolique du geste demeure inséparable du contexte historique qui l'éclaire et la justifie. Ici encore les attributs que revendique la puissance politique, les signes sous lesquels elle se place, les images qu'elle inspire pour assurer sa représentation constituent un élément déterminant pour l'approche d'un temps et d'une société. Dans une tout autre dimension historique, les travaux de Georges Dumézil nous l'apprennent de leur côté, qui nous montrent par exemple le caractère primordial pour la compréhension intime de la Rome antique de l'opposition entre l'image héroïsée du Romulus latin, porteur du *lituus* à la fois sceptre et bâton augural, revêtu de la double puissance magique et guerrière, et celle de Quirinus sabin, garant des biens lentement accumulés, protecteur de la fécondité et des richesses de la terre [33]...

CRISES DE LÉGITIMITÉ ET CRISES D'IDENTITÉ

Pour peu que l'on accepte de replacer celui-ci dans une périodisation suffisamment large, force est par ailleurs de reconnaître, dans le développement historique de tout mythe politique, l'existence de temps forts et de temps faibles, de moments d'effervescence et de périodes de rémission. Dans le seul cadre des XIXe et XXe siècles français, et concernant l'appel au Sauveur, la constatation est d'évidence. D'évidence aussi la concordance qui ne peut manquer d'être établie avec les vicissitudes de l'histoire politique nationale. Ces vicissitudes peuvent relever d'origines multiples, s'être manifestées sous les formes les plus diverses : blocage institutionnel, rejet global d'un personnel gouvernemental justement ou injustement discrédité, effondrement financier, désordre intérieur, menace étrangère, désastre militaire... Dans tous les cas cependant elles semblent bien avoir correspondu avec l'apparition, puis le développement de ce que l'on est sans doute en droit d'appeler une crise de légitimité.

Terme apparemment redoutable que celui qui vient d'être utilisé et dont il est difficile d'ignorer qu'il se trouve chargé — au niveau du moins des définitions théoriques — d'un poids singulièrement lourd d'ambiguïté, d'équivoques et de contradictions [34]. Autour de lui, juristes, philosophes et moralistes n'ont cessé de multiplier les interrogations, de se heurter aussi aux mêmes problèmes et aux mêmes difficultés de formulation. La notion de légitimité se réduit-elle à la simple observance des règles du droit établi, auquel cas elle se confondrait avec celle de légalité ? Relève-t-elle au contraire des principes d'une éthique supérieure à ce droit, auquel cas elle se situerait sur un tout autre plan que celui de l'acceptation du pouvoir légalement en place et de la soumission à ses décisions ? Mais quel serait alors le critère d'une résistance légitime aux lois et comment le définir ? Le bien commun, les traditions liées à l'histoire de la Cité ou de la Nation, les droits de la personne, les exigences de la liberté, les impératifs de la justice ? Autant de notions qui semblent obligatoirement échapper à toute tentative de codification universelle, susceptibles de toute évidence de définitions multiples et d'interprétations contradictoires... A partir de quand, d'autre part, et à la suite de quel processus, un pouvoir né de la violence, issu de ce qui a pu être longtemps considéré comme une rébellion, se trouve-t-il innocenté de sa tare originelle, acquiert-il la plénitude d'une nouvelle légitimité ? Existe-t-il en revanche des légitimités longtemps incontestées — en France par exemple celle de la vieille monarchie — et que le temps est venu peu à peu user, éroder, vider des réalités de leur substance ?...

Fuyante et équivoque en tant que concept doctrinal, insaisissable en tant qu'absolu juridique ou moral, la notion de légitimité n'est pas cependant sans s'imposer avec une force singulière dès que l'on accepte de situer le problème au seul niveau de l'observation concrète, de l'aborder en fonction des seules données de l'analyse empirique. «Génie invisible de la Cité», selon une formule de l'historien italien Guglielmo Ferrero [35] et qu'il est permis de trouver belle, c'est bien elle en tout cas qui, en accordant aux uns le pouvoir de commander et en faisant accepter aux autres le devoir d'obéir, assure pour l'essentiel et la cohérence et la continuité de toute société politique. «Si vous demandez à un Suisse, écrivait Ferrero au début de ce siècle, pourquoi tel Conseil d'État de tel canton, il vous répondra qu'il a été élu par la majorité du peuple. [...] De même si, il y a un demi-siècle, on avait demandé à tel Prussien, Autrichien ou Russe, pourquoi tel ministre commandait à tout le pays dans telle branche de l'administration publique, la réponse aurait été : ''Le roi ou l'empereur l'a nommé.'' Et toutes ces explications semblaient encore tout à fait pertinentes et péremptoires à tout le monde.» En termes plus généraux, dans le cadre précis d'une société déterminée et pour une période également déterminée, la notion de légitimité ne correspond à rien d'autre qu'à la reconnaissance spontanée de l'ordre établi, qu'à l'acceptation naturelle, non pas obligatoirement des décisions de ceux qui gouvernent, mais des principes en vertu desquels ils gouvernent. Tout pouvoir peut en fin de compte apparaître comme légitime lorsque, pour la grande masse de l'opinion et dans le secret des esprits et des cœurs, le maintien des institutions en place est reconnu comme une évidence factuelle, échappant à toute contestation, à l'abri de toute remise en cause.

Inversement on est en droit, semble-t-il, de parler de crise de légitimité lorsque, aux questions posées à l'égard de l'exercice régulier du pouvoir, les réponses cessent d'apparaître évidentes, de s'imposer comme «pertinentes et péremptoires». C'est alors que le devoir de loyauté perd sa valeur d'exigence première. Que, silencieusement ou violemment, se défont ou se brisent les liens de la confiance et de l'adhésion. Que le gouverné, qu'il soit sujet ou citoyen, cesse de se reconnaître dans le système institutionnel avec lequel il s'était jusqu'alors plus ou moins tacitement identifié. Le pouvoir, les principes sur lesquels il repose, les pratiques qu'il met en œuvre, les hommes qui l'exercent et qui l'incarnent, sont désormais ressentis comme «autres», font figure d'ennemis ou d'étrangers... Et telle est bien la situation de vacuité que la France présente l'originalité d'avoir connue avec une particulière fréquence au cours des deux derniers siècles de son histoire. La légitimité «traditionnelle» pour reprendre les termes désormais classiques du vocabulaire wébérien, celle sur laquelle reposait l'antique monarchie capétienne et que venait consacrer le double principe du droit divin et du droit historique (c'est Benjamin Constant lui-même qui évoque à ce propos «la sainteté des générations passées»), n'avait pu finalement résister à la terrible secousse de la période révolutionnaire ; elle s'était progressivement désagrégée. Sans cependant que lui soit réellement et valablement substitué, du moins sous la forme d'institutions stables et définitivement acceptées, un autre type de légitimité, celle d'un système «régulier et rationnel» — la formule est encore de Max Weber — reposant sur le principe de la volonté générale et se traduisant par le fonctionnement normalisé d'un gouvernement représentatif. L'expérience a montré, et à de nombreuses reprises, que dans la France née de la Révolution cette autre légitimité ne s'était jamais trouvée à l'abri des accidents de l'histoire. Il est bien évident que la coïncidence n'est pas fortuite si ce sont précisément dans ces périodes d'intermittence de la légitimité, dans ces moments de déséquilibre, d'incertitude ou de conflit que ce sont chronologiquement situés les appels les plus véhéments à l'intervention du héros salvateur.

Passage d'un état de certitude à un état de trouble ou d'angoisse, d'un état d'adhésion à un état d'aliénation, toute crise de légitimité apparaît en effet comme inséparable d'un traumatisme psychique perceptible au niveau individuel aussi bien qu'au niveau collectif. On l'a dit : dans aucune société politique le pouvoir ne saurait être défini comme une entité abstraite, un principe conceptuel ne relevant que de la seule formulation juridique. Pour ceux qui lui sont soumis, et même s'ils n'en sont pas obligatoirement conscients, il suppose toujours une certaine forme d'engagement ou de participation personnelle, un minimum de disponibilité, de confiance, de respect, d'obéissance volontaire. C'est en fait au plus profond des esprits et des cœurs que s'opèrent les ruptures décisives. C'est à l'intérieur des consciences, et non sans désarroi, non sans anxiété, que les règles jusqu'alors observées de la normalité civique se trouvent brutalement remises en cause, que la suspicion, le doute ou le mépris se substituent aux habitudes acquises d'identification et de soumission à l'égard de l'ordre institutionnel établi...

En l'occurrence, et dans la perspective d'une même situation d'intériorisation, le rapprochement ne peut manquer de s'imposer avec certaines crises bien connues des psychosociologues, caractéristiques des états d'enfance et d'adolescence, et relatives aux relations parentales. « Certains jeunes manifestent souvent, d'une façon pathétique, le sentiment qu'ils ne peuvent être sauvés que par la fusion avec un Chef. » La constatation est d'Erik Erikson, dans l'une des études qui passent pour les plus sûres sur les modalités de l'insertion adolescente dans les normes de l'organisation sociale [36]. En répudiant l'autorité paternelle en place, en lui refusant son adhésion, l'adolescent contestataire, explique en effet Erikson, n'en éprouve pas moins une difficulté extrême à assumer le poids de son autonomie personnelle. Les images parentales récusées ou remises en cause se trouvent ainsi tout naturellement « remplacées par la hiérarchie des images de chefs qui peuplent la galerie des idéaux disponibles ». Le refus des disciplines traditionnelles aboutit en somme à la recherche fiévreuse de nouvelles formes d'adhésion. Dans l'état de vacuité affective et morale qui accompagne de fait toute crise de légitimité politique le recours au Sauveur semble bien authentiquement relever de ce même type de mécanisme psychique qui, dans les incertitudes de la contestation adolescente, conduit à cet appel « pathétique » vers un nouveau maître, un nouveau tuteur, un nouveau guide.

On observera par ailleurs, dans un cas comme dans l'autre, que le phénomène de rupture et de remise en cause affecte l'autorité du pouvoir politique ou qu'il vise la tutelle parentale, que l'image du Sauveur attendu — le Sauveur secrètement rêvé ou violemment exigé — est susceptible de se présenter sous deux aspects sensiblement différents. S'agissant de ce que beaucoup d'analystes appréhendent essentiellement comme un mouvement de « rétraction vers l'enfance », il semble après tout assez logique que ce soit sous la forme d'une sorte de substitut de l'autorité paternelle que cette image tende le plus souvent à se définir. Père recherché et retrouvé, ayant pris la place, jouant le rôle d'un père perdu ou répudié, les sentiments de respect et de dévouement qui se portent vers le personnage héroïsé vont d'abord dans ce cas au Protecteur : à lui la charge d'apaiser, de restaurer la confiance, de rétablir une sécurité compromise, à lui aussi la tâche de faire front aux menaces du malheur. (Et l'on voit assez bien, pour ne prendre qu'un seul exemple, comment en 1940 la légende du maréchal Pétain illustre et confirme le modèle.) Mais à lui encore le soin primordial d'assurer la perpétuation de la communauté dont il porte désormais la responsabilité. Garant, en d'autres termes, de la régularité du jeu des continuités, des transmissions et des successions, les valeurs qu'il incarne sont celles de la pérennité, celles du patrimoine et de l'héritage. Son rôle est de prévenir les accidents de l'histoire, d'éviter ses brisures, de répondre de l'avenir en fonction de la fidélité à un passé auquel il se trouve tout naturellement identifié. Il faudrait presque dire que la construction mythique n'est pas, à la limite, sans relever ici d'une certaine conception cosmique de l'Ordre universel. Gardien de la normalité dans la succession des temps, dans l'écoulement des générations, telle apparaîtrait, dans cette perspective, la fonction essentielle attribuée au héros salvateur.

A l'image du père retrouvé et réincarné, à l'image en d'autres termes d'un père fictif substitué à la réalité d'un père répudié, une autre image peut cependant être opposée : celle du meneur, du chef de bande, de l'aîné prestigieux dont on attend moins sans doute les certitudes d'une sécurité tutélaire que les ambiguïtés parfois douloureuses d'un certain type de subordination tout à la fois assujettissante et participante, admirative et complice. « L'adolescent, écrit Erikson, souhaite devenir un apprenti, un disciple, un serviteur sexuel ou le patient... » Le phénomène est alors aisément comparable à celui, si souvent étudié, de ces groupes de « jeunes », à la limite de ces communautés délinquantes que rassemble et entraîne l'autorité spontanément reconnue d'une personnalité mieux affirmée, plus forte ou plus audacieuse. Pour celui qui détient ce pouvoir, le rôle essentiel est celui d'un initiateur, d'un introducteur à la vie adulte. Pour chacun de ceux qui le suivent, il ouvre des portes jusqu'alors closes ; il autorise des audaces non encore exprimées, délivre des timidités trop longtemps contenues. Il s'impose comme un modèle, mais comme un modèle singulièrement proche dans lequel chacun peut espérer et tenter de se reconnaître. Il étonne, émeut, captive et subjugue, capable même d'exercer autour de lui une sorte de fascination sensuelle qui donne à chacun de ses gestes ou à chacune de ses paroles une résonance affective d'une singulière profondeur. Pour mériter son estime, bénéficier de son amitié ou de sa complaisance, il n'est guère de sacrifices dont les plus humbles de ses sectateurs ne se sentent et ne se souhaitent capables [37].

Rapports d'allégeance donc et non plus de filiation, en inévitable décalage avec l'ordre établi, celui des habitudes et des convenances. C'est d'abord par sa hardiesse que s'impose le meneur, par sa puissance de récusation et de remise en cause. Ainsi, dans le *Roman de l'énergie nationale,* Maurice Barrès décrit-il la « fièvre » boulangiste qui s'empare de ses jeunes héros comme l'expression essentielle d'une volonté de rupture, d'un geste de défi à l'égard de la France bourgeoise, la France de M. Grévy et de « ses grisâtres légistes », de ses routines et ses préjugés. Avec le général au cheval noir l'aventure, l'inattendu vont de nouveau faire leur apparition dans « un territoire habité par des fonctionnaires qui pensent à leur carrière, des administrateurs qui rêvent de bains de mer, le baccalauréat pour le fils, la dot pour la fille ». L'arrivée du héros bouleverse la monotonie de la vie quotidienne, brise les vieux interdits, inverse les règles communément admises, libère les forces trop longtemps contenues. « Les commerçants engagés dans de mauvaises affaires respiraient plus largement, poursuit Barrès. La race malvenue des tapageurs devenait noble, on admirait leur vie aventurière... » « Comme le jeune impatient de la maison frémit. » C'est Tête d'Or, le héros claudélien, que l'on retrouve dans cette formule, invitant à le suivre tous ceux que lasse le vide, toujours répété, de « leurs ennuyeuses semaines ». Et il s'agit bien en effet d'un appel au départ, d'une invitation à quitter les murs d'une maison trop étroite, à sortir des chemins trop bien balisés qui y ramènent, d'une répudiation méprisante de son confort et de sa torpeur.

Il importe cependant de rappeler qu'en la circonstance se perdre c'est se donner et qu'en se donnant c'est aussi, et en définitive, se retrouver. Dans l'exaltation d'une sorte de Double magnifié, c'est bien en effet la quête d'une identité à retrouver, le mouvement instinctif d'une reconquête de soi-même qui constituent la pulsion originelle. Le paradoxe veut sans doute que ce mouvement de reconquête s'opère apparemment dans l'abandon, la soumission à une autorité extérieure. Mais à une autorité, et c'est là l'essentiel, qui n'est plus considérée comme suspecte, méprisable ou oppressive, qui signifie au contraire adhésion, communion, foi militante et conquérante. Une autorité qui n'est plus ressentie comme aliénante, qui se voit à l'inverse reconnue comme un instrument décisif de restructuration et de réhabilitation personnelle. La réalité, telle du moins que celle-ci est vécue, n'est pas celle de l'abdication d'une volonté particulière au profit d'une volonté étrangère. Elle est celle de la rencontre de deux volontés, ou plus exactement celle du réveil, du ressaisissement d'une volonté léthargique ou dispersée au contact d'une autre volonté, plus forte, plus entraînante, plus conquérante. « Ma volonté, proclame encore un personnage de *Tête d'Or,* est de faire la volonté du Roi et d'être à ses côtés, tenant l'étendard et telle est ma part sur la terre. » Baldur von Schirach le dira sous une autre forme, au nom d'une jeunesse allemande exprimant sa reconnaissance au Chef qui, autour des années 1930, semblait lui avoir permis de redonner un sens à son destin.

> *J'étais une feuille dans un champ*
> *Sans frontière ni bornage*
> *Dispersée au loin, je disparaîtrais dans le vent*
> *Si tu n'étais la force qui monte des racines.*

La référence à l'épisode nazi s'impose du reste avec d'autant plus de force qu'il s'agit de l'exemple privilégié d'une jeunesse exaltant à travers son engagement politique ses propres valeurs de catégorie d'âge et tentant d'imposer celles-ci à la société tout entière. «Jeunesse hitlérienne, deux mots qui sont presque un pléonasme», constate un témoin au regard particulièrement averti [38]. Ce n'est pas en vain, d'autre part, si, dans toute une littérature, le personnage d'Adolf Hitler est assimilé à «la volonté impétueuse de la jeunesse allemande». (Tandis que de son côté, à la veille du grand choix, le général von Seeckt, résigné, écrit à sa sœur: «Je te conseille de voter pour Hitler, la jeunesse a toujours raison...») Dans cette perspective, en effet, le chef promis au rôle de guide prophétique semble bien avoir pour mission essentielle d'incarner, en les magnifiant, les rêves, les certitudes et les attentes de la condition adolescente : affirmation de la primauté de l'action, intolérance idéologique, exclusivisme de l'orgueil de groupe, besoin de communion physique, volonté de dévouement et de sacrifice, à la limite peut-être aspiration tacite au grand flamboiement de la mort suicidaire, la mort violente, recherchée ou acceptée, dans l'immense fracas des tragédies collectives [39]...

Père sublimé que l'on retrouve ou que l'on reconstruit, aîné prestigieux, chef de file et chef de bande... Les deux images ne sauraient cependant être définies en termes rigoureusement antagonistes. Tout d'abord, parce qu'un même personnage peut les incarner l'une et l'autre, assumer simultanément les deux rôles : le meilleur exemple à cet égard étant encore celui de Hitler lui-même, à la fois chancelier et Führer, c'est-à-dire jouissant du double prestige d'une légalité restaurée et du mystère de l'aventurier prédestiné [40]. Mais, surtout, sur le plan plus décisif du psychisme collectif, parce que les deux images se rejoignent et tendent à se confondre dans la mesure même où elles peuvent l'une et l'autre légitimement apparaître comme une réponse à un semblable sentiment de vacuité. Dans les deux cas elles sont à mettre en rapport avec un même état de solitude intérieure, avec une même angoisse de l'abandon, plus profondément peut-être avec une situation brusquement imposée d'autonomie individuelle. Ce qui signifie en même temps, issues, procédant et participant d'un même mouvement, quête d'une identité à reconquérir et recherche de nouvelles formes de solidarité. Dans une société où le pouvoir en place ne représente plus qu'un ordre méconnu ou discrédité, où par là même certaines valeurs fondamentales d'unité et de cohésion semblent d'autre part tragiquement menacées, le rôle d'intercesseur ne saurait en effet être dissocié de celui de protecteur, pas plus que de celui de tuteur ou de guide. Pour ceux qui le reconnaissent comme le substitut d'une puissance paternelle défaillante aussi bien que pour ceux qui voient en lui le jeune chef secrètement espéré, tout à la fois dominateur et complice, peut-être même est-ce en tant qu'instrument de communion, agent de médiation et de coagulation sociale, que le héros salvateur s'impose d'abord aux esprits et aux cœurs. Reconnaître son autorité et se retrouver en elle, c'est à la fois se retrouver soi-même et retrouver les Autres. Et peu importe, en vérité, qu'il s'agisse du corps social en son entier ou d'une fraction, fût-elle minoritaire, de la collectivité. Grâce au Sauveur, et à travers lui, ce sont, pour un certain nombre d'hommes, les mêmes émotions à partager, les mêmes ferveurs et les mêmes espérances. Ce sont aussi, dans la chaleur d'une communion reconquise, les mêmes signes et les mêmes appels, les mêmes mots d'ordre, les mêmes références, et les mêmes certitudes. Autour de lui, dans la soumission, la dévotion ou l'enthousiasme, une vie collective se restructure, les fidélités se reconstituent, les échanges affectifs se rétablissent, une nouvelle trame sociale se consolide.

Agent de « socialisation des âmes » : la formule est de Maurice Barrès et c'est à elle, en fin de compte, qu'il convient de revenir. Fonction de restructuration psychique en même temps que fonction de réinsertion sociale, telle est bien en effet la double finalité à laquelle correspond ici la démarche de l'imaginaire mythique. Pour le bien ou pour le mal de ceux dont le mythe a su, épisodiquement ou durablement, drainer les ardeurs et capter les espoirs? Si la question peut être posée, il convient aussitôt de préciser que la réponse échappe à la compétence comme au jugement de l'analyste.

L'Age d'or

L'expression est de Frédéric Mistral, évoquant les années de son enfance, alors que les bateaux à aubes ne descendaient pas encore le Rhône et que ni la fumée ni le bruit des moissonneuses et des batteuses mécaniques ne venaient encore troubler la sérénité des soirs d'été [41]. Le « temps d'avant », c'est ici, d'abord, le domaine, la barrière des collines qui en ferme l'horizon, la sécurité trapue des murs et des toits, l'autorité patriarcale du Père étendue sur tout un morceau de terre. C'est aussi la pérennité d'un rythme de vie confondu avec la succession des travaux et des saisons, les labours, les semailles, les moissons. Et c'est encore l'intimité protectrice d'un groupe social clos, solidaire, strictement hiérarchisé, le charretier, les pâtres, les faucheurs, les glaneuses. En bref — chacun de ces thèmes devant être retenu dans toute la densité de sa charge symbolique —, l'image même d'un ordre, d'une société, d'un type de civilisation... L'ordre, l'harmonie sociale, la forme de culture et de civilisation dont l'enfant du Mas du Juge a chanté plus tard la gloire et dont il a rêvé d'assurer la continuité.

Images d'un passé légendifié, visions d'un présent et d'un futur définies en fonction de ce qui fut ou de ce qui est censé avoir été : ce serait, en vérité, une histoire des idéologies françaises singulièrement tronquée que celle qui occulterait la présence de ces images, oublierait la multiplicité de ces représentations ou négligerait leur pouvoir sur les esprits et sur les cœurs. Certains de ces « temps d'avant », et tel est le cas de celui qui vient d'être cité, ont été effectivement vécus avant d'avoir été rêvés ; leur image n'a fait que subir l'habituel travail d'inflexion, de sélection ou de transmutation qui est celui du souvenir. D'autres, certainement les plus nombreux, échappent à la mémoire individuelle pour ne plus relever que de celle de l'histoire, ou de ce qui passe pour être celle de l'histoire. Le passé auquel ils se réfèrent n'a jamais été directement connu ; sa puissance évocatrice est celle d'un modèle, d'un archétype, modèle et archétype à qui l'émergence hors du temps enfui semble par définition donner une valeur supplémentaire d'exemplarité... Quoi qu'il en soit, à chaque mode de sensibilité — ou de pensée — politique, correspond ainsi une certaine forme de lecture de l'histoire, avec ses oublis, ses rejets et ses lacunes, mais aussi avec ses fidélités et ses dévotions, source jamais tarie d'émotion et de ferveur. Il se trouve pourtant que le pas ne peut manquer d'être vite franchi entre la légendification de certains temps privilégiés de la mémoire et leur fixation dans le sacré. Opposé à l'image d'un présent senti et décrit comme un moment de tristesse et de déchéance, se dresse l'absolu d'un passé de plénitude et de lumière. Aboutissement quasi inévitable : cristallisant autour d'elle tous les élans, toutes les puissances du rêve, la représentation du « temps d'avant » est devenue mythe. Et mythe au sens le plus complet du terme : à la fois fiction, système d'explication et message mobilisateur.

Dans cette nébuleuse complexe, mouvante, qui est celle de l'imaginaire politique, il n'est guère en fin de compte de constellation mythologique plus constante, plus intensément présente que celle de l'Age d'or. Devant le nombre et la diversité de ses expressions potentielles les difficultés commencent cependant, et elles ne sont pas médiocres, dès qu'il s'agit d'en recenser les thèmes, d'en répertorier les formulations, de les classer et de les cataloguer... Au niveau le plus élémentaire de la construction mythique ce sont sans doute ce que l'on peut indifféremment appeler les «bons vieux temps» ou les «belles époques» que rencontre d'abord l'analyste. Et il ne s'agit pas seulement ici de cette fonction immémoriale de créativité légendaire qu'ont toujours exercée les «anciens» évoquant le temps enfui de leur jeunesse. Dans nos sociétés dites modernes, apparemment dominées par le rythme sans cesse plus rapide du changement, on ne saurait, par ailleurs, négliger ce frémissement d'émotion, de caractère esthétique et sentimental à la fois, qui semble de plus en plus s'attacher aux débris, aux épaves récupérées d'un passé encore étonnamment proche : tels instruments, tels outils, telles machines datant des premiers âges de la révolution industrielle, parfois même à peine hors d'usage, deviennent objets de recherche et de piété, prennent place dans ce musée immense et multiforme qu'une certaine religiosité entretient aujourd'hui à l'égard du plus immédiat éphémère. Parallèlement, l'historien des mentalités devrait peut-être prêter plus d'attention qu'il ne le fait généralement à ces retours périodiques de la mode (phénomène devenu capital dans nos sociétés contemporaines) vers une époque, une «belle époque», peu de temps auparavant moquée ou discréditée. 1900, 1925, la seconde après-guerre, tout se passe comme si, à intervalles réguliers, ce qu'une vague de la mode a emporté, une autre vague tendait à le restituer. Restitution bien évidemment incomplète, fragmentaire, déformée, mais où un refrain de chanson, un certain vocabulaire, les éléments d'une esthétique décorative, les souvenirs épars d'usages abolis viennent pourtant replacer dans l'expression présente du goût et de la sensibilité l'image ennoblie d'un passé mythifié. Il est difficile sans doute, pour ne pas dire impossible, d'attribuer au phénomène une consonance politique relativement précise. Que tant de rémanences nostalgiques trouvent à s'exprimer, et avec une telle insistance, dans un contexte social et idéologique où les valeurs de mutation, de nouveauté et de modernité tendent simultanément à s'imposer avec une force vraisemblablement encore jamais atteinte, il y a là toutefois un paradoxe essentiel sur la signification duquel il ne serait pas vain de nous interroger.

L'importance du politique apparaît en revanche de façon sensiblement plus convaincante dans l'évocation, si constante au cours des deux derniers siècles, d'un certain nombre de temps de référence historique, à la fois objets rétrospectifs de culte et modèles proposés d'organisation collective. « Le monde est vide depuis les Romains », s'écrie Saint-Just, et l'on sait la place qu'ont tenue l'image de Sparte, celle de la Rome républicaine, non seulement dans la rhétorique jacobine, mais aussi et plus profondément dans l'univers intellectuel et moral des hommes de la Convention montagnarde et de ceux qui se sont voulus leurs héritiers. On connaît aussi la fréquence de la référence au Moyen Age dans l'histoire de la sensibilité française dès les dernières années du siècle des Lumières : le thème du « retour au Moyen Age » a hanté les imaginations du traditionalisme romantique. On le retrouve présent, notamment dans la période de l'entre-deux-guerres, à l'arrière-plan de toutes les recherches visant à définir un type de société récusant à la fois les principes de l'individualisme libéral et ceux de l'étatisme totalitaire. Mais c'est lui encore qu'évoquent, dans le sillage contestataire de mai 1968, quelques-uns des théoriciens les plus contemporains du mouvement communautaire. « Historiquement, déclare l'un d'eux, fondateur d'une communauté agricole dans les Cévennes, ce qui nous ressemble le plus c'est évidemment le Moyen Age ; il y avait des rapports d'homme à homme, rien à voir avec ce qu'on apprend à l'école [42]... » On ne saurait oublier par ailleurs l'évocation, de caractère plus général, chronologiquement plus indécise, de la vieille France monarchique, cette France d'avant la grande coupure révolutionnaire et que tout un légendaire affirme avoir été celle de « la douceur de vivre » : son culte a été pieusement entretenu, mêlé à celui des fleurs de lys, du drapeau blanc, des princes martyrs et des héros de la chouannerie par tout un royalisme sentimental dont la fidélité s'est prolongée jusqu'au début de notre siècle. Mais c'est également par référence à un système politique censé avoir été celui de l'Ancien Régime et présenté comme l'antithèse de la démocratie parlementaire que le néo-monarchisme maurrassien a défini ses postulats essentiels.

Il va de soi que ces quelques exemples ne sauraient constituer une liste limitative. Il faudrait également tenir compte — constants dans le cours de la vie politique française et venant de tous les horizons idéologiques — de ces innombrables appels aux ressourcements dans le passé, aux retours vers le temps sublimé des commencements. «Refaire 1789», retrouver «l'esprit du premier socialisme», revenir au «gaullisme du Général», la fréquence de ces locutions ne cesse de témoigner d'un même mouvement de récusation des dérives de l'histoire, de projection dans la pérennité du souvenir, de tout ce que l'écoulement des années ne semble pas devoir ternir... Cet âge privilégié, qui est celui des fondateurs, de la jeunesse des institutions et des régimes, il convient pourtant de remarquer qu'il reste encore daté, localisé dans l'histoire, associé à des événements relativement précis et aisément repérables. Il n'en est plus de même lorsque se trouve atteint ce qu'il est permis d'appeler le troisième palier de la construction mythique : celui de la non-histoire. Le temps de référence n'est plus lié alors à une quelconque périodisation ; il échappe à la chronologie ; il condamne à l'inutilité tout effort de mémoire. La notion d'« avant » devient une sorte d'absolu libéré de toute dépendance à l'égard de la succession des siècles et des millénaires. La vision de l'Age d'or se confond irréductiblement avec celle d'un temps non daté, non mesurable, non comptabilisable, dont on sait seulement qu'il se situe au début de l'aventure humaine et qu'il fut celui de l'innocence et du bonheur.

Ce paradis perdu, inséparable de tant de rêves entretenus par les hommes, à travers l'immensité de leur histoire, une certaine réflexion philosophique, triomphante en Europe au siècle des Lumières, l'a conceptualisé, rationalisé, théorisé en même temps qu'elle lui donnait un nom : l'état de nature. Il est inutile sans doute de souligner l'importance de cette notion (sur laquelle ce chapitre sera d'ailleurs obligé de revenir) dans l'histoire générale de la pensée politique. Inutile aussi de rappeler la multiplicité des constructions spéculatives qui se sont édifiées autour d'elle[43]. Le caractère d'extra-temporalité, de non-historicité qu'elle implique, il ne serait pas toutefois sans intérêt d'en rechercher parallèlement les expressions sur le plan beaucoup plus fluide, beaucoup plus diffus, qui est celui de la sensibilité collective. Les historiens des idées par exemple ont parfaitement montré le rôle souvent décisif joué par les récits de voyage du XVIIe et du début du XVIIIe siècle dans l'élaboration du concept même d'état de nature : c'est au fond des forêts américaines, au contact de peuplades «primitives», censées ignorer les principes «du mien et du tien», parfois assimilées à l'exemple antique, jugées dans leur ensemble affables, hospitalières et heureuses, que s'est élaborée l'image du bon sauvage [44]. Mais le rapprochement ne s'impose-t-il pas ici avec les expressions diverses de ce rêve d'exotisme qui tend de plus en plus aujourd'hui à affirmer sa présence à l'intérieur des sociétés occidentales ? Il faut prêter attention aux formules les plus usuelles de nos dépliants touristiques. Là où le voyageur est le plus souvent invité à se rendre, « le temps semble s'être arrêté » ; on y retrouvera « inchangé le décor des siècles disparus » ; le contact d'un « passé éternel » permettra d'échapper à « la vie haletante » des hommes d'aujourd'hui. L'illustration photographique vient le plus souvent confirmer le sentiment d'une invitation à une régression dans le temps autant, et peut-être plus encore, qu'à un déplacement dans l'espace : archaïsme volontairement souligné des scènes de rue, insistance mise sur le folklore traditionnel, immense solitude des paysages de plage, de mer ou de forêt que le développement de la civilisation industrielle semble avoir épargnée. Toute ambiguïté n'est certes pas absente. De façon plus ou moins claire les horizons attendus de l'au-delà tendent pourtant à se confondre avec les images d'un en-deçà disparu, la recherche de l'ailleurs avec la quête de l'autrefois, le dépaysement dans l'exotisme avec la remontée dans l'histoire...

Au demeurant, et de façon plus générale, les contours du mythe se révèlent d'autant plus difficiles à cerner que les limites apparaissent presque toujours singulièrement imprécises entre ce qui relève du seul regret et ce qui relève aussi de l'espérance, entre ce qui n'est qu'évocation nostalgique d'une sorte de bonheur disparu et ce qui exprime l'attente de son retour [45]. Il n'est en fait que bien peu de représentations du passé qui ne débouchent sur une certaine vision de l'avenir, comme il n'est parallèlement que bien peu de visions de l'avenir qui ne s'appuient sur certaines références au passé. Peut-être conviendrait-il d'évoquer à cet égard la tradition même des religions du salut (du moins telles que celles-ci ont été vécues pour l'immense majorité de leurs fidèles) pour qui le destin de l'homme se situe entre deux âges bénis, celui d'avant la chute et celui d'après la rédemption, celui de l'Éden perdu et celui de la Jérusalem retrouvée, la fin des temps n'étant en l'occurrence perçue que comme un retour au début des temps. Sur le plan plus immédiat de l'analyse politique, la constatation n'avait pas en tout cas échappé à Marx qui l'avait même, à l'occasion notamment de la révolution française de 1848, très fortement soulignée. «C'est quand les hommes, écrivait Marx, semblent occupés à créer quelque chose de tout à fait nouveau, c'est précisément à ces époques de crise révolutionnaire qu'ils évoquent […] les esprits du passé… »

Parmi les innombrables messianismes révolutionnaires du siècle dernier, le marxisme lui-même échappe très évidemment à la remarque. La vision de l'histoire sur laquelle il repose est de caractère essentiellement linéaire : procédant par étapes successives et irréversibles, les sociétés humaines s'acheminent irrévocablement vers une finalité qui n'a aucun rapport avec l'image de leurs commencements. Mais il n'en est aucunement de même pour la plupart des doctrines communautaires et égalitaires qui se multiplient en Europe dès la seconde partie du XVIIIe siècle : le babouvisme par exemple, qui en représente sans doute l'un des cas historiquement les plus suggestifs, ne saurait être compris que par référence à un monde rural encore proche, où l'affirmation de la valeur absolue de la notion de propriété était très loin d'être consacrée et où, surtout, certaines formes collectives d'exploitation du sol étaient toujours plus ou moins largement pratiquées. Extrémisme révolutionnaire et fidélité au souvenir déformé, mais magnifié, sacralisé d'un certain «temps d'avant» sont ici inséparables.

De même les mouvements nationalitaires qui vont simultanément ébranler le vieil édifice étatique européen se présentent-ils d'abord comme l'affirmation d'une renaissance : c'est par rapport à l'image, idéologiquement reconstruite, d'une nation disparue de l'histoire, mais dont on entend retrouver la mémoire, exalter la grandeur passée, que se trouve légitimé le combat à entreprendre pour en assurer la résurrection. De même encore, parmi les expressions les plus vigoureuses du mouvement contestataire contemporain, ne peut-on manquer d'être frappé, dans le discours, les attitudes et les comportements, par la fréquence des rencontres entre une volonté progressiste hautement affirmée et la multiplicité des références passéistes. L'écologisme se montre à cet égard aussi riche d'ambiguïtés que l'avaient été précédemment toutes les formes de l'anticapitalisme. L'un des derniers textes de Maurras fut pour dénoncer la présence des raffineries de pétrole sur les bords de l'étang de Berre, coupables d'en polluer les eaux, coupables aussi de détruire l'harmonie naturelle du paysage. Mais, dans le prolongement de Mai 1968, c'est l'un des principaux interprètes des mots d'ordre protestataires qui, pour assurer la diffusion de ce qui était alors désigné comme une « nouvelle culture », ne préconise rien d'autre que « l'organisation d'un mouvement néo-cistercien [46] ». Dans toute la littérature de ces années invitant à l'établissement de nouvelles formes de vie communautaire, il est d'ailleurs significatif que l'exemple du vieux modèle monastique ne cesse de se trouver associé aux appels les plus véhéments de l'effusion libertaire. Comme s'il était, en vérité, à peu près impossible d'imaginer le phalanstère sans se souvenir du monastère...

Étonnant pouvoir de réversibilité du mythe participant à la fois au rétrospectif et au prospectif, au plan du souvenir, du regret et à celui de l'attente messianique. Multiplicité de ses représentations, indécision de ses contours... Compte tenu de cette trop évidente fluidité, faut-il pourtant renoncer à l'appréhender dans son unité, à le percevoir dans sa cohérence ? Au-delà de l'extrême diversité de ses expressions, il reste en fait la possibilité de constater encore une fois la permanence d'une structure, la présence solidement affirmée de la cohérence d'une logique. Logique dont l'élémentaire simplicité contraste d'ailleurs singulièrement avec le foisonnement des images, des représentations et des symboles et qui n'est en fin de compte rien d'autre que celle de la décadence. A quelques nuances près tout rêve, tout rappel, toute évocation d'un quelconque âge d'or semble bien en effet reposer sur une seule et fondamentale opposition : celle du jadis et de l'aujourd'hui, d'un certain passé et d'un certain présent. Il y a le temps présent et qui est celui d'une déchéance, d'un désordre, d'une corruption auxquels il importe d'échapper. Il y a, d'autre part, le «temps d'avant» et c'est celui d'une grandeur, d'une noblesse ou d'un certain bonheur qu'il nous appartient de retrouver. C'est un personnage de *la Légende des siècles* qui évoque

Ce grand rayonnement des Anciens et des Pères

pour affirmer aussitôt, s'adressant à ceux d'aujourd'hui, que les «hommes d'autrefois»

Valaient mieux paysans que vous ne valez rois.

Il convient seulement de préciser qu'effectivement dominé par la notion première de chute, de déchéance, ce mouvement du rêve vers un passé de Lumière, plus heureux et plus beau, tend presque toujours à se cristalliser, à se fixer autour de deux valeurs essentielles : valeur d'innocence, de pureté d'une part ; valeur d'amitié, de solidarité, de communion d'autre part. C'est en fonction de ces deux thèmes, dans la perspective de cette double quête ou de cette double nostalgie que toute mythologie de l'âge d'or tend à affirmer sa cohérence. Il va de soi que c'est également dans cette double perspective que ne peut manquer de se situer toute tentative d'analyse.

LA PURETÉ DES ORIGINES

Jours inouïs! Le bien, le beau, le juste
Coulaient dans le torrent, frissonnaient dans l'arbuste.

... Rien n'avait de souillure et rien n'avait de ride;
Jours purs! Rien ne saignait sous l'ongle et sous la dent
La bête heureuse était l'innocence rodant.

C'est Hugo qui, dans *la Légende des siècles*, évoque l'Éden, le paradis perdu, « les premiers temps du globe » alors que, dans les halliers, « l'agneau paissait avec le loup ». Temps de bonheur, d'une grâce non encore entamée, de l'éclat des premières aurores. « Le premier soleil sur le premier matin », dira Péguy à son tour, évoquant la mémoire d'Ève, la première femme « née dans le premier jardin ». Mais aussi, et peut-être surtout, temps de l'innocence, « jours purs », vierges de toute souillure, préservés de tout mal et où la mort elle-même n'offrait que l'image de ces havres heureux où s'achèvent les voyages paisibles. Les vers de Péguy l'affirmeront encore :

Ce qui depuis ce jour est devenu la mort
N'était qu'un naturel et tranquille départ.
... Le jour de s'en aller était comme un beau port.

Rêve d'harmonieuse allégresse, de parfaite insertion de l'homme dans l'ordre de l'univers, quête de pureté, c'est à la vision sacrée de l'Éden céleste que répond sur un autre plan l'image en quelque sorte laïcisée de « l'état de nature », telle du moins qu'à l'apogée du siècle des Lumières l'ont rêvée et conceptualisée ses principaux interprètes. Avec l'occultation de la notion de faute originelle, l'arrière-plan d'eschatologie biblique se trouve sans doute entièrement bouleversé. C'est bien cependant cet état d'innocence première, intacte, vierge de toute atteinte, ignorante du mal comme du péché que défend, contre l'envahisseur venu d'un autre monde, dans le *Supplément au voyage de Bougainville*, le vieillard tahitien de Diderot, « gémissant sur les beaux jours de son pays éclipsés ». « Nous sommes innocents, proclame-t-il, nous sommes heureux et tu ne peux que nuire à notre bonheur. Nous suivons le pur instinct de la nature et tu as tenté d'effacer de nos âmes son caractère. [...] Regarde ces hommes : vois comme ils sont droits, sains et robustes. Regarde ces femmes : vois comme elles sont droites, saines et robustes. » D'un côté, donc, une humanité asservie aux besoins qu'elle s'est artificiellement imposés, condamnée à la poursuite haletante de biens imaginaires, vouée par là même à l'inquiétude, à la maladie et à la décrépitude. De l'autre, des êtres vivant à l'abri du désir harcelant du changement, assurés d'une totale intégrité physique, immuablement purs parce qu'échappant encore à la « civilisation », à son code de valeurs, à ses interdits et à ses exigences.

Cette image élémentaire de « l'homme de la nature » — l'homme du « pur instinct », à l'abri de toute prescription et de toute hantise du péché, vivant sans honte dans sa nudité première, ignorant de la peine du travail et des tares de la maladie —, sans doute faut-il rappeler qu'elle est loin d'être neuve : les siècles de chrétienté ne l'ont pas ignorée ; elle n'a pas manqué d'être présente dans certaines de leurs zones de libre abandon, leurs manifestations de transgression plus ou moins ordonnée. Mais comment oublier d'autre part la permanence de sa postérité ? Dans sa formulation essentielle, dans l'affirmation de ses principes les plus simples, c'est bien le système d'argumentation du vieux Tahitien que l'on va en effet retrouver durant deux siècles, et jusqu'à la période immédiatement contemporaine, à travers un même discours de caractère protestataire, multiple certes dans ses expressions mais ininterrompu dans son développement. Entretenant le respect ou le culte du « non-civilisé », c'est lui notamment qui, s'opposant à la motion généralement admise dans l'Europe du siècle dernier d'une hiérarchie des cultures, des droits et des devoirs des peuples « supérieurs » à l'égard des peuples « inférieurs », assurera avec constance la légitimité de la défense des sociétés dites « primitives » contre la domination de l'Occident, la pénétration hégémonique de ses modes de vie et de pensée.

C'est encore ce même système de références qui sera invoqué en faveur de ces nombreux mouvements jusqu'ici assez peu étudiés, mais dont l'essor ne peut laisser indifférente l'histoire des comportements et des attitudes devant la vie : le mouvement végétarien (l'homme de la nature étant censé n'assurer sa santé et son harmonie affective que par le refus de toute alimentation carnée), la propagande « naturiste » combattant pour la liberté et la nudité du corps, l'union libre, la protection de la nature contre les atteintes du machinisme industriel... Il faut nous contenter de citer à cet égard, par souci du pittoresque peut-être, mais aussi parce qu'ils représentent assez bien la synthèse de toutes ces tendances, ces petits groupes « naturiens » et « sauvagistes », d'origine anarchisante et qui, dans la France des années 1900, entendaient opposer l'idéal d'une « vie naturelle » à la laideur, la corruption et la tyrannie de la « civilisation [47] ». Leur périodique, *l'Age d'Or,* n'eut qu'une durée très éphémère. Mais le programme « naturien » rédigé par le dessinateur Gravelle (auteur d'un ouvrage intitulé *l'État naturel* et publié en 1894) ne demeure pas moins parfaitement révélateur de tout un état d'esprit.

> A l'état naturel [proclame ce texte en forme de manifeste], toutes les régions fertiles de la terre possédaient une flore et une faune originaires abondantes et variées...
> Nous affirmons
> Que la misère n'est pas d'ordre fatal
> Que la seule production du sol établit l'abondance
> ... Que les maux physiques (épidémies, difformités) sont l'œuvre de la civilisation
> Que les fléaux dits naturels (avalanches, éboulements, inondations, sécheresse) sont la conséquence des atteintes portées par l'homme à la nature
> Qu'il n'y a ni bons ni mauvais instincts chez l'homme, mais simplement satisfaction ou contrariété des instincts
> Que l'humanité recherche le bonheur, c'est-à-dire l'harmonie
> Et que l'harmonie pour l'humanité réside dans la nature.

Nature et culture : on remarquera sans doute avec quelle force s'impose, à travers l'ensemble de cette thématique, le schéma traditionnel de leur opposition. Il ne s'agit cependant, en l'occurrence, que d'images diverses, fluides, au contenu strictement politique souvent indéterminé et qui sont loin de toujours correspondre au cadre et à l'objectif même de notre analyse... Concernant «l'état de nature», et le rêve de pureté qui ne cesse de lui être associé, c'est en fait à Rousseau qu'il faut revenir — Rousseau dont l'immense privilège est d'avoir donné à la notion même toute sa signification doctrinale, tout son contenu aussi d'aspiration politique en l'intégrant, en l'identifiant même à ce qu'il faut bien considérer comme une authentique philosophie de l'histoire, à tout le moins comme une vision globale et rationnellement organisée du devenir historique [48].

Incessamment repris sous les formes les plus diverses, le thème essentiel reste, pour lui, le même : celui du déroulement de l'histoire humaine appréhendé comme un processus d'irrémissible décadence. «Tout dégénère entre les mains de l'homme.» C'est d'un même mouvement que l'homme se dégrade, se délite, se perd et qu'il s'érige en être d'histoire. Ce que tant de voix exaltent alors sous le terme de progrès ne saurait être appréhendé que comme un témoignage supplémentaire de corruption. «Ce sont le fer et le blé, écrit Rousseau, qui ont civilisé les hommes et perdu le genre humain.» En s'éloignant de plus en plus de l'état de nature, l'homme n'a pas seulement en effet rompu un équilibre primordial avec le monde qui l'entoure, le contact limpide avec l'ordonnance des paysages, les grands rythmes de la terre, la succession des saisons. Il a perdu également la libre faculté de communication avec les autres, la possibilité de les comprendre et d'en être compris. Il se trouve condamné à vivre dans un monde opaque, tronqué, dissocié, où le souci obsédant du «paraître» ne cesse de l'emporter sur la simple affirmation de «l'être». «Chacun commença à regarder les autres et à vouloir être regardé soi-même», explique Rousseau rapportant les débuts de l'histoire humaine. «Être et paraître devinrent deux choses tout à fait différentes et de cette distinction sortirent le faste imposant, la ruse trompeuse et tous les vices qui en sont le cortège...» Replacée dans cette perspective, l'édification d'un nouvel ordre social n'a d'autre sens que celui d'une tentative ultime pour retrouver au-delà de l'histoire l'équivalent de ce qui fut en deçà de l'histoire, pour reconquérir dans un cadre institutionnel renouvelé « la quiétude des jours anciens» et, avec elle, la transparence perdue des contacts entre les êtres.

Cas tout à fait exceptionnel, en vérité, où le projet politique peut apparaître comme directement issu de l'inspiration mythique, où il peut même être défini sans équivoque comme une transcription quasi immédiate de l'exigence mythique. Quelques-uns cependant dans l'immédiate postérité rousseauiste resteront fidèles à cette exigence. L'image de la Cité antique, de Sparte, de la République romaine aux débuts de son histoire est constamment présente à l'arrière-plan du *Contrat social*. Le même rêve, celui de retrouver à travers l'instauration d'un nouvel ordre politique et social une pureté originelle inspirée des grands exemples de l'Antiquité classique, il faut lire Saint-Just — et notamment les *Fragments sur les institutions républicaines* — pour en mesurer la tenace persistance [49]. Ce n'est pas en vain si, dès le préambule de l'ouvrage, se voit évoqué le « Dieu protecteur de l'innocence ». D'emblée se trouve défini l'objectif essentiellement moral auquel se trouve assigné tout projet de reconstruction institutionnelle. « Une constitution libre est bonne, avait écrit Saint-Just dans l'*Esprit de la Révolution,* à mesure qu'elle rapproche les mœurs de leur origine, que les parents sont chéris, les inclinations pures et les liaisons sincères. » « S'il y avait des mœurs, reprennent les *Fragments,* tout irait bien ; il faut des institutions pour les épurer... La terreur peut nous débarrasser de la monarchie et de l'aristocratie, mais qui nous délivrera de la corruption ? »... La réponse est aussitôt donnée par la définition d'un programme précis de restauration morale — le terme de restauration devant être entendu ici dans son sens le plus rigoureux, puisque ce sont bien les vertus prêtées aux sublimes Lacédémoniens et aux non moins admirables Romains qu'il s'agit avant tout de retrouver et de rétablir. D'où l'insistance mise sur une éducation à finalité militaire, à la fois ascétique, végétarienne et rurale : « L'éducation des enfants depuis dix jusqu'à seize ans est militaire et agricole» — les futurs citoyens ne devant vivre que «de racines, de fruits, de laitage, de pain et d'eau ». D'où la rigueur d'une morale sexuelle institutionnalisée où se voient privilégiées les valeurs de pudeur, de réserve et de chasteté : « Dans les jours de fête une vierge ne peut paraître après dix ans en public sans sa mère, son père ou son tuteur. » D'où encore le respect accordé à l'âge, le rôle privilégié réservé aux vieillards : « Le respect de la vieillesse est un culte dans notre patrie. » D'où enfin l'idéal très clairement défini d'une société religieuse, communiant tout entière dans le culte de l'Être suprême et la reconnaissance de l'immortalité de l'âme : « L'encens fumera jour et nuit dans les temples publics et sera entretenu tour à tour, pendant vingt-quatre heures, par les vieillards âgés de soixante ans... »

Un curieux paradoxe veut cependant que ces mêmes vertus de courage et de fidélité, de dépouillement, de loyauté et de piété, inspirées de l'exemple antique et prêchées par une certaine éthique jacobine, soient aussi celles qu'à quelques années près, mais dans un tout autre contexte affectif et idéologique, vont exalter à leur tour les tenants d'une vieille France royale, patriarcale et chrétienne [50]. Les éléments du décor fournis par l'histoire se sont, de toute évidence, très sensiblement modifiés. Au drapé des toges, à la stricte ordonnance des temples, des colonnes et des péristyles ont succédé les grâces chantournées de tout un merveilleux médiéval, la dentelle des donjons, des tours et des clochers. L'épée du chevalier a remplacé le glaive ; les toques et les pourpoints ont habillé la nudité de l'éphèbe, les enchantements des forêts germaniques et des landes écossaises chassé Plutarque et ses héros. Avec l'avènement du premier romantisme une certaine qualité d'émotion et de tendresse, le goût des épanchements et des pleurs sont venus d'autre part entourer d'un supplément de grâce romanesque l'évocation d'un passé englouti. Reste le même élan pour chanter ces « vertus antiques et sublimes qui ont honoré les siècles que nous nommons barbares ». « Heureux temps chevaleresques, époque à jamais mémorable, s'écrie le duc de Richelieu dans l'exil de l'émigration. Soyez sans cesse présents à notre mémoire et la fausse grandeur du XVIIIᵉ siècle s'éclipsera devant votre véritable gloire; c'est à ce siècle superbe, à ce siècle de lumière et de crimes à s'humilier devant vos modestes vertus et la précieuse simplicité de vos mœurs qu'il a eu l'insoutenable audace d'appeler de la barbarie... »

« Siècles chevaleresques, poursuit Richelieu, dans votre heureuse innocence, la religion, l'honneur et la vertu furent les divins flambeaux qui vous éclairèrent et servirent à vous guider. » Il va de soi que cette volonté de rebroussement du chemin de l'histoire, de retour aux sources médiévales de notre culture et de notre civilisation ne manque pas, elle aussi, d'être accompagnée d'un projet relativement précis de restauration politique et sociale : le trône et l'autel de nouveau réunis, le Roi en ses conseils, le peuple en ses états, les libertés anciennes rétablies dans leurs antiques coutumes, les fidélités traditionnelles remises en place au sein des vieilles communautés reconstituées. Au-delà de la vision de cet heureux équilibre enfin retrouvé entre les réalités et les besoins populaires et une forme non administrative d'autorité, fraîche, directe, puisant sa légitimité dans la seule considération de l'ancienneté de ses services et de la permanence de ses devoirs, l'impératif de réhabilitation morale, de retour à l'« innocence » perdue reste pourtant primordial. Face aux « mœurs corrompues de ce temps », c'est, par opposition à la fatuité du badinage mondain cher au siècle qui vient de s'achever, à la gravité des propos et de la pensée que l'on en appelle, à la rigueur de la tenue et du comportement. En contradiction avec les mensongères complications de la société présente, c'est aussi — et plus généralement — l'harmonieuse « simplicité » des cœurs dont on espère précipiter le nécessaire et définitif rétablissement.

Telles qu'elles s'expriment à la fin du XVIII⁰ siècle et au début du siècle suivant, la mémoire grandiose de la Rome républicaine et l'évocation nostalgique des vieilles chrétientés médiévales semblent donc se rejoindre sur le plan d'une commune exigence moralisante. L'une comme l'autre ne vont pas toutefois sans recouper une troisième dimension de l'imaginaire politique : le rêve rural, l'Arcadie, la Terre, source retrouvée de toute vérité et de toute renaissance. Dans la littérature française de fiction, la représentation de la vie paysanne relève, dans son ensemble, de deux genres fortement contraires : l'idylle pastorale, d'une part, qu'illustrent assez bien les romans de George Sand, le naturalisme sombre, d'autre part, dont *les Paysans* de Balzac et *la Terre* de Zola viennent souligner la tradition. Dans sa formulation idéologique, le rêve rural ne correspond pas exactement cependant à l'imagerie habituelle de l'églogue champêtre, ses grâces fleuries et son attendrissement de commande. Le mythe va plus loin et plus profond [51]. La vision autour de laquelle il se structure est celle d'un passé exemplaire où le contact immédiat de la terre protège l'homme de la dégradation du temps, l'associe aux grands rythmes de la nature, lui assure les conditions d'une vie « authentique », libérée de tout faux-semblant et de tout subterfuge. Le paysan est celui qui connaît l'exacte mesure du temps, dont chaque geste comporte sa plénitude de signification, qui sait d'instinct ce qui relève des réalités essentielles. « La terre, elle, ne ment pas », affirmera beaucoup plus tard le maréchal Pétain, invitant les Français à retourner vers elle pour y rechercher les promesses de leur « régénération ».

C'est en tout cas un thème particulièrement cher à la littérature de la seconde moitié du XVIIIe siècle que celui de la « perversion » du jeune paysan — ou de la jeune paysanne — abandonnant son village natal pour aller se perdre dans la foule de la grande ville. « Hélas ! voilà le bonheur ! Je ne l'ai vu que là ! Infortuné que je suis de l'avoir cherché ailleurs », soupire Rétif de La Bretonne qui, ayant à dix-sept ans quitté la ferme paternelle, a du moins le mérite de faire état d'une expérience personnelle [52]. Idéalisé, sacralisé, le village demeure pour lui le symbole même de « la pureté d'esprit et de cœur », de la fidélité à un très lointain passé d'équité et d'honneur. « Ne quittons point ce siège natal, fait dire Rétif à son grand-père, ne nous établissons point dans les grandes villes, jouissons à perpétuité et renouvelons sans cesse l'attachement et la considération qu'on a eus pour nos ancêtres. [...] Restons ici, je te le répète, tout est plein de nous ; tout t'y rappellera notre honneur... » L'opposition campagne-ville prend ici une signification exemplaire. D'un côté, la « pureté » de l'air et des eaux, l'ampleur des horizons, la liberté du regard ; de l'autre, les miasmes de la maladie, l'entassement humain, l'emprisonnement dans la multitude. D'un côté encore, la lenteur et la régularité des gestes ancestraux, la dignité des attitudes, la paix des certitudes immémoriales ; de l'autre, l'agitation stérile, le débraillé, l'angoisse des ambitions toujours inassouvies. « Les hommes ne sont pas faits pour être entassés en fourmilières, affirme Rousseau. Plus ils se rassemblent, plus ils se corrompent. Les villes sont le gouffre de l'espèce humaine. » La grande ville, celle qu'il voit en son temps se développer et s'étendre, demeure pour l'auteur de l'*Émile* « la sentine de tous les vices » ; bien loin de contribuer à la formation de libres citoyens, elle ne peut qu'aider à la multiplication de la « canaille », à l'essor d'une « populace abrutie et stupide ». Tout imprégné d'influences rousseauistes, l'auteur d'un ouvrage au titre significatif, *le Bonheur dans les campagnes,* le répète encore quelques années plus tard, montrant dans le retour à la terre la condition première de toute entreprise de « regénération des mœurs [53] » :

> La plus légère observation suffit pour faire juger de l'inquiétude, de la peine souvent déguisée, mais toujours réelle, et de la langueur des riches habitants des villes condamnés au malheur de l'oisiveté. Ils sont comme des enfants qui pleurent parce qu'ils ne savent pas s'amuser, mais si un sage instituteur, au lieu de les tenir enfermés dans de tristes murailles, leur fait respirer l'air pur des campagnes, attache leur regard sur le riant spectacle de la nature et les travaux des cultivateurs, bientôt ils chercheront à les imiter : ils tracent des jardins, élèvent des cabanes et sont heureux. [...] Les hommes manquent dans les campagnes où ils sont nécessaires, ils sont trop nombreux dans les villes où leur entassement est nuisible. C'est en les répartissant d'une manière plus convenable qu'on corrigera les vices des uns, qu'on rendra la condition des autres plus douce et qu'on les fera tous jouir d'un meilleur sort.

Cet anathème jeté sur la Ville — la grande ville, la ville moderne, captatrice d'énergies, réductrice des âmes et corruptrice des corps —, c'est avec une attention particulière qu'il faut l'enregistrer. Parmi tant de voix consacrées à l'évocation nostalgique des âges disparus, il serait sans doute assez peu convaincant d'ignorer les différences de temps de référence historique autant que de négliger les oppositions de tonalité idéologique. Au-delà de ces différences et au-delà de ces oppositions, on ne saurait cependant omettre de souligner ce facteur décisif de permanence que représente la dénonciation d'un même type de société : le type de société auquel est précisément censée correspondre l'image de la grande ville moderne présentée comme un entrepôt de richesses toujours renouvelées, un carrefour incessant d'échanges et de trafics. Organisation collective conçue comme tout entière fondée sur la recherche du profit, tout entière régie par les seules lois du marché, c'est par le qualificatif de « marchande » que cette société sera bientôt désignée. Et c'est en tant que société « marchande » qu'elle ne cessera d'être récusée.

« L'opulence est une infamie », s'écrie parmi tant d'autres Saint-Just qui ne cesse de dire son mépris pour le négoce, les activités mercantiles et leurs inévitables corollaires que sont, selon lui, le luxe, les goûts somptuaires, l'ostentation de la fortune. « Sinon dans les monnaies, décrète-t-il, l'or et l'argent sont interdits. » Même note chez l'auteur du *Bonheur dans les campagnes* pour qui le luxe apparaît comme « la cause nécessaire » du malheur dans un empire : « dépouillant le peuple », il tourmente même ceux qui possèdent les moyens de répondre à sa passion « en détruisant la proportion entre leurs désirs et la possibilité de les satisfaire ». Mais il suffit en l'occurrence d'écouter Rousseau, leur inspirateur commun, chez qui la dénonciation du luxe, encore une fois associée à celle du négoce, constitue l'un des thèmes essentiels de la réflexion moralo-politique.

> Tous les Anciens [est-il affirmé dans le *Manuscrit de Neufchâtel*] ont regardé le luxe comme un signe de corruption dans les mœurs et de faiblesse dans le gouvernement [...]. Il était naturel que le commerce se sentît du mépris qu'on avait pour le luxe. Les Romains le dédaignaient, les Grecs le laissaient faire chez eux par des

étrangers. [...] En un mot dans les pays où l'argent était méprisé, il ne se pouvait guère que tous les moyens d'en gagner n'eussent quelque chose d'ignominieux.

Pétition de principes qui conduit, en toute logique, à l'image idéale d'une économie strictement refermée sur elle-même et où les besoins essentiels pourront être assurés «sans ventes ni trafics». Qui conduit aussi à une méfiance sans concession à l'égard même des signes monétaires et de leur emploi. Dans une nation corse indépendante et que Jean-Jacques songe à doter de sages institutions, il est souhaité que les échanges puissent «se faire en nature et sans valeurs intermédiaires» : ainsi pourra-t-on «vivre dans l'abondance sans jamais manier un sou»... Heureux donc, autant que vertueux, ces paysans du Bas-Valais, cités en exemple dans *la Nouvelle Héloïse,* habitants d'une région où il existe des mines d'or «qu'il n'est pas permis d'exploiter» et chez qui l'usage du numéraire demeure pratiquement ignoré ! «Les denrées y sont abondantes sans aucun débouché au-dehors, sans consommation de luxe au-dedans, et sans que le cultivateur montagnard, dont les travaux sont les plaisirs, devienne moins laborieux. »

On remarquera d'ailleurs que, dans cette condamnation sans équivoque d'une société mercantile et des valeurs du profit, Rousseau et ses émules se trouvent, et dans leur temps même, étrangement rejoints par les innombrables interprètes, théologiens et surtout curés des paroisses populaires, d'une très vieille France traditionnelle et chrétienne [54]. Le postulat de départ relève bien évidemment ici d'un tout autre ordre de transcendance. Mais, face à la «simplicité des premiers siècles», le monde moderne — celui qu'entraînent déjà les grandes forces irrésistibles du capitalisme industriel et financier, celui que s'apprêtent à dominer ces maîtres des temps nouveaux que sont le négociant, le banquier, le manufacturier — est encore une fois accusé d'«abandonner l'innocence», de «renoncer à la probité», de «se dépouiller même de l'humanité». «Que j'aime à voir parmi vous, mes chers paroissiens, se félicite encore dans les années 1770 un honnête curé d'une petite ville provençale, ces maisons vraiment chrétiennes où les enfants conservent d'une génération à l'autre la simplicité, la modestie, la sobriété en tout qu'ils ont héritées de leurs pères n'ayant d'autre ambition que de fertiliser les champs, de multiplier leurs troupeaux, d'établir leur famille [55]... » Mais cette image d'un passé heureusement préservé n'est là que pour être opposée au navrant spectacle offert par l'évolution précipitée des mœurs : l'oubli de l'« éminente dignité du pauvre » et des antiques « grandeurs de pauvreté », l'ardeur forcenée d'acquérir, l'acharnement à « accumuler et à conserver », l'obsession de la réussite matérielle et de la promotion sociale, la considération accordée à la seule richesse, la légitimation de l' « usure » (en d'autres termes du prêt à intérêt, principe même du capitalisme bancaire), le négoce célébré comme « l'unique source du bien public »... « Des mains qui amassent de toutes parts, qui accumulent avec tant de précipitation ne sont pas fort nettes, affirme le père Croiset, auteur d'un *Parallèle des mœurs de ce siècle et de la morale de Jésus-Christ*. Les fortunes presque momentanées tiennent du merveilleux. Est-ce Dieu qui fait le miracle [56] ? » C'est en fin de compte tout un ordre nouveau, essentiellement fondé sur ce qui paraît être la prépondérance ou la domination de l'Argent, qui se trouve être à la fois annoncé et violemment dénoncé. Et ce sont aussi tous les thèmes de ce courant permanent de contestation et de protestation antibourgeoise — courant qui ne va cesser de manifester sa présence à travers deux siècles d'histoire idéologique française — qui se trouvent déjà très explicitement formulés.

Cet antibourgeoisisme de principe, d'humeur et souvent de passion, l'historien des idées politiques en retrouvera l'expression aussi bien dans un certain socialisme français (celui du moins qui ne relève ni de l'influence de Marx ni de l'inspiration saint-simonienne) que dans les familles de pensée traditionalistes, parfois même nationalistes [57]. C'est Proudhon par exemple qui constate que « la France a perdu ses mœurs » et rêve de les faire revivre. Ou Fourier qui construit l'image du phalanstère en fonction du dégoût que lui inspirent « la frénésie de production », le règne du négoce, la domination d'une « féodalité mercantile », qui lui paraissent caractériser la société de son temps. Mais c'est aussi Drumont dont nous avons déjà dit la place essentielle qu'occupe l'anathème jeté sur la «conquête» bourgeoise dans la genèse et la formulation de sa hantise antisémite. Et c'est encore Péguy, à la croisée des chemins du socialisme et du nationalisme, qui, dans *l'Argent* publié en 1913, associe la piété de ses souvenirs de petit enfant pauvre à la récusation du monde moderne et à la condamnation d'un ordre économique et social où «jamais l'argent n'a été à ce point le seul maître et Dieu», où «jamais le riche n'a été aussi couvert contre le pauvre et le pauvre aussi découvert contre le riche». Une très vieille France est morte, un «peuple» a disparu, contaminé, «infecté» par la toute-puissance de l'argent et l'avènement d'une «basse bourgeoisie».

> Nous avons connu [écrit Péguy], nous avons touché l'ancienne France et nous l'avons connue intacte. Nous en avons été enfants. Nous avons connu un peuple, nous l'avons touché, nous avons été du peuple quand il y en avait un. [...] C'était un monde à qui appliqué ce beau nom, ce beau mot de peuple, recevait sa pleine, son antique application. Quand on dit peuple aujourd'hui, on fait de la littérature, et même une des plus basses, de la littérature électorale, politique, parlementaire. Il n'y a plus de peuple. Tout le monde est bourgeois. [...] Le peu qui restait de l'ancienne ou plutôt des anciennes aristocraties est devenu une basse bourgeoisie. L'ancienne aristocratie est devenue comme les autres une bourgeoisie d'argent. Quant aux ouvriers, ils n'ont plus qu'une idée, c'est de devenir des bourgeois. C'est même ce qu'ils nomment devenir socialistes...

«J'ai vu toute mon enfance, poursuit Péguy, rempailler les chaises exactement du même esprit et du même cœur, et de la même main, que ce même peuple avait taillé ses cathédrales.» Bonheur disparu en même temps que les très antiques vertus qui l'assuraient, la dignité, la simplicité, la rigueur, l'application au travail, le respect de soi-même et des autres, l'image est au fond toujours la même. Comme est également toujours la même celle d'une modernité corruptrice précipitant la ruine des anciennes mœurs. «On ne saurait trop le redire, répète Péguy. Tout le mal est venu de la bourgeoisie. Toute l'aberration, tout le crime. C'est la bourgeoisie capitaliste qui a infecté le peuple. Et elle l'a précisément infecté d'esprit bourgeois et capitaliste…»

LES REFUGES OUBLIÉS

Pureté perdue donc, mais aussi solidarités brisées. Ce vieux faubourg d'Orléans où il est né et où s'est déroulée son enfance, ce n'est pas seulement en effet pour Péguy l'image et le symbole d'une sorte d'innocence première, longtemps immuable à travers la succession des siècles; c'est aussi celle d'une générosité sociale toujours présente, le souvenir d'un lieu privilégié, sans cesse disponible, d'intimité chaleureuse et d'entraide collective. La constatation est d'ordre général. La condamnation de la société moderne — de la société livrée aux seules règles du profit — ne manque jamais de se confondre avec celle de l'égoïsme triomphant, de l'isolement de l'individu définitivement consacré, de ces foules privées de toute cohésion et où, selon la formule d'un pieux auteur du XVIIIᵉ siècle, dans une totale indifférence réciproque les hommes qu'elles entraînent «se pressent, s'écartent, se poussent, se repoussent et se supplantent les uns les autres[58]». De même il n'est, semble-t-il, aucun des appels, aucune des expressions idéologiques du retour ou du maintien de la terre qui ne soient aussi exaltation des valeurs de communauté, reconnaissance attentive d'une forme privilégiée de sociabilité. C'est une qualité particulière d'harmonie collective qui est censée régner sous les toits de chaume et au pied des clochers. Ainsi, dans un roman de Sébastien Mercier publié à la veille de la Révolution française, *Mélise,* l'héroïne retirée à la campagne après un long moment d'errance mondaine s'y découvre-t-elle après bien d'autres «un cœur tout neuf»: «Elle vivait plus pour elle en vivant pour les autres; au lieu que dans le monde où elle était toute pour soi, la place qu'elle avait occupée était bien bornée, puisqu'elle ne pouvait y voir que son individu…» Le «temps d'avant» est toujours rêve, espoir, nostalgie de communion.

Il faudrait suivre à travers la mythologie de l'Age d'or les innombrables expressions de ce rêve communautaire qui constitue sans doute sa traduction la plus courante sur le plan de l'idéologie politique. Mais ici encore c'est au cas exemplaire de Rousseau que l'on est bien obligé de revenir. Lorsque, dans *la Nouvelle Héloïse,* le chevalier de Saint-Preux arrive pour la première fois à Paris, ce n'est pas tant le spectacle de la corruption qui le frappe que celui d'une foule tourbillonnaire où chacun se perd sans jamais rencontrer l'autre. Monde d'apparence et de faux-semblant, cortège incohérent de «masques» sous lesquels se dissimule la vérité des êtres. Société discordante, dominée par le choc des intérêts rivaux, qui multiplie les barrières entre ceux qui la composent, les condamne à l'isolement, au douloureux repliement sur eux-mêmes. «Mon cœur voudrait parler, il sait qu'il n'est pas écouté. Il voudrait répondre, on ne lui dit rien qui puisse aller jusqu'à lui…» La vérité des sentiments, l'union des cœurs, le libre épanchement des âmes étant définis comme les caractéristiques mêmes de l'«état de nature», c'est à la restitution de ces valeurs essentielles que correspond le rêve, sans cesse entretenu, d'un retour aux «jours premiers» à travers les formes renouvelées d'une citoyenneté retrouvée. Au-delà de sa lecture qu'il faut reconnaître difficile, de sa logique rocailleuse, au-delà aussi des divergences d'interprétation qu'il a dès le départ suscitées, la préoccupation décisive dont relève le *Contrat social* — comme d'ailleurs l'ensemble de la politique rousseauiste — est, à cet égard, d'une clarté sans équivoque : l'établissement d'une société rassemblée, solidaire, cohérente ne laissant plus de place à la solitude des êtres et au libre développement des égoïsmes individuels. Sans doute la prépondérance accordée à la «puissance souveraine» peut-elle très légitimement nourrir l'accusation de totalitarisme. L'hostilité déclarée à l'égard du morcellement du corps politique, les partis, les communautés «partielles», l'insistance décisive mise sur la notion de «moi commun», la définition de chaque membre de l'ensemble collectif comme «partie indivisible du tout», autant de thèmes singulièrement menaçants à l'égard de l'exercice concret des droits essentiels de la libre disposition de soi-même. «Les bonnes institutions, va jusqu'à écrire Rousseau, sont celles qui sont capables de transporter le moi dans l'unité commune.» Mais l'éternel légendaire de la Cité antique, l'évocation toujours présente de la grandeur de Sparte et celle de la Rome républicaine continuent à fournir leur inépuisable système de références. Leurs exemples n'ont rien perdu ni de leur valeur démonstrative ni de leur force d'exigence. Reprenant le modèle des institutions qui furent les leurs, c'est — à leur image — dans l'oubli et le dépassement des «soins particuliers», dans l'exaltation collective mise au service du Bien public, dans la fusion enfin retrouvée des esprits et des cœurs que les hommes du temps présent sauront peut-être retrouver à la fois et le chemin du Bonheur et celui de la Vertu.

Poursuivie jusqu'aux ultimes frontières de sa logique, c'est bien d'ailleurs cette même hantise d'une totale communion dans une totale transparence qui conduit Rousseau vers cet autre rêve, apparemment déconcertant, qui est celui du non-langage. Facteur décisif en effet, selon lui, d'incompréhension, de malentendu entre les êtres, de confusion ou de mensonge que les mots, que ceux-ci relèvent de la langue écrite ou du langage parlé. Si l'état de nature ne peut être conçu que comme celui d'une immédiate communication des pulsions de l'âme et des élans du cœur, il est logique de penser qu'il a nécessairement ignoré ces signes artificiels et trompeurs qui sont ceux de l'actuel discours humain. Réfléchissant sur les modalités d'une possible réforme de l'écriture musicale, Rousseau avait songé à l'établissement d'un nouveau système de notation, à la fois réduit, allégé et simplifié. Aussi bien, convaincu que pour une âme droite et sensible toutes les émotions doivent être immédiatement visibles, rêve-t-il d'un ordre social où il serait de nouveau permis de «pénétrer d'un cœur à l'autre sans le froid ministère de la parole». Où, par le fait même que les contacts affectifs seraient désormais en mesure de s'établir en dehors du douteux intermédiaire des échanges verbaux, l'imposture se trouverait définitivement bannie. Harmonie perdue, mais qu'il n'est pas interdit d'espérer retrouver. Il suffirait pour ce faire de répudier les conventions présentes du langage pour revenir à un système de communication par signes, seul conforme aux vraies lois de la nature. « L'on chanterait au lieu de parler ; la plupart des mots radicaux seraient des sons imitatifs ou de l'accent des passions ou de l'effet des objets sensibles ; l'onomatopée s'y ferait sentir continuellement. »

« C'était le temps où les bêtes parlaient. » La vieille formule par laquelle s'ouvre le récit de tant de contes populaires témoigne sous une autre forme — une forme en l'occurrence inversée — de cette même exigence d'immédiate communication, de parfaite compréhension mutuelle, inséparable sans doute de la vision première d'une harmonie universelle non encore compromise. Dans le même sens, et parmi tant d'interprètes de cette nostalgie pastorale qui marque si fortement l'histoire morale d'un certain XVIIIe finissant, il faut encore relever le témoignage de Rétif de La Bretonne évoquant le personnage héroïsé de son père, image typique d'un paysan du « temps d'avant ». L'un des traits caractéristiques prêtés à celui-ci réside précisément dans sa familiarité avec les animaux, la compréhension instinctive qui l'unissait à eux et qui les unissait à lui. Avec le taureau, rapporte Rétif, le chien, les chevaux, s'était établie une sorte d'entente, d'autant plus profonde, d'autant plus intime qu'elle se situait entièrement en dehors du code habituel du langage humain. Vision d'un équilibre désormais compromis, d'un pacte brisé entre l'homme et l'ordre naturel qu'exprime fort bien d'autre part, et toujours à la même époque, ce curieux opuscule au titre dépourvu de toute équivoque, *Alexis ou l'Age d'or*, paru en 1787 et relevant très directement lui aussi de la filiation rousseauiste[59]. L'Age d'or, y trouve-t-on affirmé, n'appartient en aucune façon au domaine de la fabulation légendaire ; il a bien régné autrefois sur la terre des hommes et c'était celui de la transparence.

L'homme se voyait lui-même dans chaque individu de son espèce qu'il rencontrait, et, comme il se croyait plus heureux que tout autre, le but de ses désirs était de rendre tout autre être en qui il se reconnaissait aussi heureux que lui. C'était alors que le langage était absolument parfait, n'ayant d'autres mots ni de signes que ceux que les fortes affections internes obligeaient les organes à manifester par la parole et par le geste.

Si nous réfléchissons à la difficulté infinie que nous trouvons souvent à exprimer à d'autres nombre de sensations délicates ou sublimes dont nous avons pourtant une conscience réelle, il est aisé de comprendre combien parfaitement les hommes identifiaient alors leur intellect avec celui d'un autre. [...] On dit que dans ces temps un seul soupir, un mot, un geste qui maintenant n'est qu'un signe imparfait, vague ou équivoque de nos intimes sensations, était l'empreinte vive, pure et parfaitement complète et arrondie de l'état de l'âme nageante dans une mer de volupté dont chaque onde, quelque faible ou délicate qu'elle pût être, faisait sentir sa bénigne impulsion.

Rêveries incertaines, nostalgies élégiaques dont un substitut immédiatement accessible est susceptible pourtant d'être proposé : la fête, le chant, la ferveur communautaire organisée et institutionnalisée. L'auteur du *Contrat social* étant encore une fois cité au titre de référence privilégiée, on ne saurait trop fortement souligner l'importance du thème à travers l'ensemble de l'œuvre rousseauiste. Organiquement la fête apparaît comme inséparable de la vision unitaire d'une cité régénérée où les principes de cohésion, d'absorption des particularismes individuels dans le grand Tout de la volonté générale se verront à jamais assurés : c'est dans l'organisation d'un calendrier régulier de fêtes « nationales » que la Pologne, par exemple, trouvera selon Rousseau l'un des moyens les plus efficaces de maintenir sa cohésion et de sauvegarder son identité. Mais la fête reste surtout le moment exceptionnel de la rencontre, de la fusion des esprits et des cœurs, de l'effacement de tous les obstacles dressés entre les êtres. « Plantez au milieu de la place un piquet couronné de fleurs, affirme la *Lettre à d'Alembert* ; rassemblez le peuple et vous aurez une fête. Faites mieux encore : donnez les spectateurs en spectacle ; rendez-les acteurs eux-mêmes ; faites que chacun se voie et s'aime dans les autres, afin que tous en soient mieux unis. » Et c'est, dans *la Nouvelle Héloïse*, le tableau fameux de la fête des vendanges où, à Clarens, dans la demeure seigneuriale, « maîtres, journaliers et domestiques » retrouvent, parmi les chants des vendangeurs, une « douce égalité » qui rétablit « l'ordre de la nature ». « Cette réunion des différents états, la simplicité de cette occupation, l'idée de délassement, d'accord, de tranquillité, le sentiment de paix qu'elle porte à l'âme a quelque chose d'attendrissant... »

Quelques années plus tard, toujours dans le sillage immédiat de Rousseau, et toujours en référence aux grands exemples disparus de Sparte et de Rome, c'est encore la fonction unificatrice, assimilatrice de la fête qu'évoqueront à leur tour les hommes de la Convention, soucieux de jeter les bases d'une nouvelle liturgie civique. Dans la République selon Saint-Just c'est avec la succession des cérémonies collectives, avec le déroulement régulier des commémorations et des célébrations qu'est appelé à se confondre le rythme même de l'existence citoyenne. On le sait : le thème de la fête — la fête en train de se perdre, la fête oubliée, la fête à retrouver — n'a jamais cessé par ailleurs d'affirmer sa présence à travers les innombrables expressions de la littérature de nostalgie rurale. Condition essentielle d'une régénération des mœurs, le retour à la terre est aussi le retour aux valeurs élémentaires de la solidarité humaine, à ses joies, à ses rites et à ses symboles. Vieille image jamais abandonnée que celle des campagnes d'autrefois, toutes bruissantes des chants des laboureurs et des mélopées des lavandières. Vieux sujet de déploration, d'autre part, inlassablement repris à chaque génération, que celui de la disparition d'un peuple tout entier chantant : « De mon temps, dira Péguy — cinquante ans après que Michelet eut utilisé à peu près la même formule —, tout le monde chantait... » Louis XVI régnant, dans une époque que les traditionalistes vont bientôt représenter comme le véritable Age d'or de l'Ancienne France, patriarcale et rurale, l'auteur du *Bonheur dans les campagnes* insiste déjà sur la nécessité de restaurer les fêtes traditionnelles, selon lui tragiquement

124

menacées d'extinction. Impact d'un nationalisme naissant : les préoccupations « patriotiques », la volonté de vivifier et de stimuler le sentiment « national » viennent par ailleurs s'ajouter à son plaidoyer :

> Déjà l'on a trop laissé perdre l'usage de célébrer ces fêtes qui étaient des jours de réjouissance pour les habitants des campagnes. Je voudrais qu'on rallumât les feux de la Saint-Jean, qu'on rétablisse, si plus d'aisance le permettait, les repas de la Saint-Martin, que, les devoirs de la religion remplis, la fête du patron ramenât les jeux, la danse et tous les plaisirs permis...
> Pourquoi ne faisons-nous pas circuler la joie dans tous les ordres de la nation, quand elle éprouve des sentiments heureux ? Le peuple des campagnes ne doit-il donc connaître que l'excès du travail et la misère. [...] Ah, qu'il serait aisé par des réjouissances peu coûteuses, mais ménagées avec intelligence, de l'intéresser vivement à la prospérité de la nation ! Dans tous les villages, chaque victoire, chaque paix glorieuse, chaque naissance d'un héritier du trône, devraient être célébrées par des fêtes gaies et touchantes qui réuniraient le mouvement, le spectacle et un état proportionné à la simplicité champêtre. Dans tous les transports d'une joie pure l'âme de tous les cultivateurs s'ouvrirait au patriotisme...

Au-delà de son contenu formel, comment par ailleurs ne pas être attentif à la permanence et du vocabulaire et de la symbolique dont ne cesse très apparemment de témoigner l'ensemble de cette littérature ? C'est un indice pleinement significatif que la fréquence répétitive de certaines formules, le constant retour de certains mots : les mots d'innocence, de quiétude, de concorde, d'amitié sans doute, mais aussi ceux de confiance et de « sûreté ». Et c'est un autre indice, et non moins significatif, que l'utilisation des mêmes images, le recours aux mêmes symboles : l'enclos, le jardin, l'île, le temple ou le clocher [60]... Le thème de la communion sociale, de la fusion des esprits et des cœurs se révèle ainsi plus qu'étroitement associé, intimement confondu avec l'expression d'une autre aspiration, d'une autre et non moins forte exigence : celle de la sécurité. « Quand les hommes innocents et vertueux, écrit Rousseau, aimaient à avoir les dieux pour témoins, ils habitaient ensemble dans les mêmes cabanes; mais bientôt devenus méchants, ils se lassèrent de ces incommodes spectateurs... La nature humaine au fond n'est pas meilleure : mais les hommes trouvaient leur sécurité dans la facilité de se pénétrer réciproquement. » De Clarens, d'autre part, où il a trouvé refuge, Saint-Preux, l'un des trois personnages essentiels de *la Nouvelle Héloïse,* exalte en ces termes la paix retrouvée de son cœur : « La douce chose que de couler ses jours dans le sein d'une tranquille amitié, à l'abri des orages des passions impérieuses. Que c'est un spectacle agréable et touchant que celui d'une maison simple et bien réglée où règnent l'ordre, la paix, l'innocence. » Ainsi l'homme de « l'état de nature » — aussi bien d'ailleurs que celui d'une quelconque époque historique opportunément légendifiée —, vivant par définition « sous le regard » et dans l'intimité des autres, est-il censé se trouver protégé à la fois contre ses propres déchirements intérieurs et contre la virtualité des agressions externes. Considérée dans sa configuration mythique, et qu'il s'agisse de la hutte du sauvage, du village, de la paroisse ou du domaine patriarcal, la communauté organique ignore dans son principe les divisions et les schismes, les conflits d'intérêt, de caste ou de génération. Elle maintient l'équilibre entre les activités du groupe humain qu'elle rassemble et l'ordre essentiel du monde. Elle constitue pour ses membres une défense assurée à l'égard des menaces étrangères. Mais elle sauve aussi chacun de ceux qui la composent des dangers de la solitude ; elle les garde des dérèglements des sens et des tumultes des passions asociales. Elle est image d'accueil, d'abri, de refuge.

Aboutissement inéluctable en fin de compte de la logique même de la démarche mythique : la représentation d'un espace social nécessairement réduit, obligatoirement refermé sur lui-même — une société « partielle », « étroite et bien liée », dit Rousseau qui affirme par ailleurs que plus s'étendent les collectivités humaines, plus se multiplient les risques d'affrontement interne, les divisions et les conflits. Nostalgie pastorale ou rêve d'une nouvelle Sparte,

126

utopies phalanstériennes ou constructions idéologiques de l'historicisme conservateur, la mythologie de l'Age d'or tend toujours, ou presque toujours, à édifier le modèle d'une communauté close, étroitement resserrée dans la chaleur de son intimité protectrice. Si l'on veut bien admettre d'autre part que l'épisode de Clarens dans *la Nouvelle Héloïse* doit être essentiellement compris comme la transposition romanesque, la transcription sur le plan de la fiction de l'idéal communautaire du *Contrat social,* le récit de Rousseau est à cet égard encore pleinement significatif. « Séjour de sagesse et d'union », « asile de la confiance et de l'amitié », le domaine de Clarens — où une jeune femme, son mari et son ancien amant vivent « à l'unisson », en toute limpidité de cœur, « sans rien au fond du cœur qu'on veuille se cacher l'un à l'autre » — constitue une sorte d'isolat affectif, mais aussi social et même économique. Il s'agit, dit expressément Rousseau, d'« une maison dont on ne sort jamais ». Dans cette société « très intime », « paisible et bien unie », l'appel au voyage, à l'aventure, à la découverte de nouveaux horizons ne se fait jamais entendre. Les échanges, les contacts avec l'extérieur se trouvent réduits au plus strict nécessaire. (Faut-il rappeler d'ailleurs que, dans son *Projet de constitution pour la Corse,* Rousseau recommande que le droit de cité ne soit accordé à un étranger qu'une seule fois tous les cinquante ans, et encore, précise-t-il, « à un seul s'il se présente et qu'il en soit jugé digne » ?) Quant aux nécessités économiques, la règle clairement formulée est « d'éviter autant qu'il se peut dans l'usage de nos biens les échanges intermédiaires entre le produit et l'emploi ». Les besoins de la collectivité étant supposés être largement couverts par les fruits de la production locale, c'est donc dans un régime de quasi-autarcie que vit — et prospère — le domaine. La situation d'insularité garantit en fait l'équilibre social en même temps qu'elle assure la plénitude des cœurs.

Emmurement dans l'espace, mais aussi fixation dans le temps. Le resserrement de l'espace social protège ceux qui s'y abritent contre l'inconnu incompréhensible de l'immensité du monde extérieur, domaine illimité de toutes les peurs et de toutes les transgressions. Mais il les protège aussi contre l'angoisse des jours qui fuient, le regret de ce qui va ne plus être, les menaces de l'imprévisible. Les habitants de Clarens redoutent le mouvement, le changement, tout ce qui risque de perturber l'heureuse pérennité de leur destin. Si Mme de Wolmar s'attache à ne pas favoriser chez ses paysans les «changements de position», ce n'est pas seulement pour leur épargner «les tourments et les inquiétudes» de l'ambition, pour leur éviter de céder à la tentation fatale du départ pour la ville; c'est aussi, et plus généralement, pour ne pas introduire dans un ordre que l'on veut immuable dans son équilibre et dans son harmonie des facteurs de rupture, d'éclatement ou de dissolution. «La condition naturelle à l'homme est de cultiver la terre et de vivre de ses fruits, affirme Saint-Preux. Le paisible habitant des champs n'a besoin que de sentir son bonheur...» L'histoire à laquelle se réfèrent tant de légendaires de l'Age d'or est une histoire immobile, il faudrait mieux dire immobilisée. L'histoire en mouvement, constante génératrice de modernités successives, faiseuse et défaiseuse d'empires, de sociétés, de modes et de dieux, se trouve en revanche soit violemment récusée, soit délibérément ignorée. Récusée aussi bien par les idéologues de l'état de nature que par les doctrinaires de la vieille France monarchique et chrétienne qui, de la même façon, ne voient dans sa marche qu'un fatal processus de corruption et de dégradation. Ignorée d'autre part par ceux-là mêmes qui projettent d'édifier une société future selon un modèle légué par le passé, mais dont les constructions institutionnelles (les *Institutions républicaines* de Saint-Just constituent à cet égard un très bon exemple) écartent rigoureusement toute virtualité d'évolution ou d'adaptation, légifèrent dans l'intemporel, établissent dans l'immuable la Cité de demain. Rêve de limpidité, de communion, d'effusion et d'harmonie, le mythe de l'Age d'or se révèle encore rêve de permanence. Sa diffusion, sa puissance d'attraction demeurent inséparables de la vision — très profondément, très intimement vécue, toujours intensément présente à travers la plura-

lité de ses expressions — d'un temps figé, solidifié, cristallisé…
Le monde de l'Age d'or est celui des horloges arrêtées.

Du refus a la nostalgie

Ce n'est sans doute pas en vain si, de tant de textes cités dans le chapitre, les plus nombreux sont datés de la seconde moitié du XVIIIe siècle. Remarquables par leur abondance et leur ampleur, expression d'une thématique d'une particulière richesse, ils présentent par ailleurs, au regard de l'historien des mentalités, l'intérêt — paradoxal, mais tout compte fait décisif — de se trouver en totale contradiction avec ce qu'il faut bien considérer comme l'idéologie alors indiscutablement dominante. On ne saurait trop insister sur ce hiatus. C'est au moment même où tout un puissant mouvement d'opinion — les Encyclopédistes, les économistes, l'administration royale elle-même — exalte le développement de l'ensemble des forces de production, s'applique à encourager les capacités novatrices du travail humain, la multiplication des manufactures, le progrès des « arts mécaniques », que s'exprime le plus fortement la répudiation péremptoire de toute forme de modernité économique. L'anathème est jeté sur les activités marchandes, les « gains sordides » du commerce, « la fange des richesses », alors qu'une innombrable littérature vient célébrer, autour du personnage du négociant et de celui de l'entrepreneur, l'ouverture des routes nouvelles, la circulation des biens, la multiplication des échanges. Condamnés au nom du Bonheur et de la Vertu, « l'union de l'argent et de l'industrie », la recherche du bien-être, le mouvement général vers l'amélioration des conditions de vie sont salués par l'ensemble des interprètes de l'esprit nouveau comme autant de conquêtes de la Civilisation. « On n'a qu'à comparer l'état de certaines contrées qui n'ont ni négoce, ni industrie, avec l'état des provinces où l'esprit de Commerce anime tous les arts, réplique l'un de ses défenseurs aux détracteurs ecclésiastiques du système capitaliste de crédit. On ne verra d'un côté que des mœurs à demi sauvages, une inertie générale, des talents méconnus, une misère universelle avec les vices qui en sont la suite. [...] On verra, de l'autre, une activité prodigieuse, une population toujours croissant, des mœurs civilisées dans toutes les classes des citoyens, une industrie qui de toutes parts multiplie les capitaux, des secours immenses et toujours renaissants fournis aux besoins de l'État[61]...» «Quel heureux siècle que ce siècle de fer», s'écrie Voltaire célébrant le luxe, le confort, l'apparition toujours plus rapide de nouveaux biens et de nouvelles commodités — certain en l'occurrence, face aux prophètes du passé, de représenter et de défendre l'esprit même de son temps.

Le même décalage, la même situation de rapport dialectique s'étant maintenus durant plus de deux siècles, demeurant présents encore dans nos débats les plus immédiatement contemporains, c'est en fin de compte un modèle quasi exemplaire de contre-société qui s'est trouvé pratiquement édifié. A la réalité d'une histoire en mouvement, marquée de ruptures et de brusques mutations, se voient opposées la fixation dans la durée, l'image d'un temps lisse et continu, la récusation de la notion même de modernité. A l'éclatement des vieilles disciplines communautaires, à la consécration du principe de l'autonomie des personnes, à la libération des ambitions individuelles, la vision toujours présente d'un groupe social homogène, fortement rassemblé sur lui-même, dominé par les valeurs de convivialité, d'entraide et de solidarité. A la morale du profit, à la confiance dans les lois de l'économie de marché, la suspicion à l'égard de l'Argent, la condamnation d'un système de hiérarchie sociale basée sur ses seuls critères. A la foi dans le progrès technique, à la production de masse, à la rationalisation mécanique du travail, la fidélité jamais reniée à la noblesse des «métiers d'autrefois», à la patience et à la grandeur du vieux labeur artisanal. A l'abandon des campagnes, au phénomène de prolifération urbaine, les puissances de l'enracinement, l'harmonie intacte des travaux et des rythmes de la terre...

Parfaitement fidèles, par exemple, à ce contre-modèle institutionnel, les formules mêmes par lesquelles s'est exprimée en France, autour des années 1970, la contestation de la société dite de consommation. Un seul témoignage, parmi d'innombrables autres : celui d'un numéro du magazine *Actuel*, daté du printemps de l'année 1973[62], à la veille de l'irruption de la crise pétrolière, mais à l'apogée de cette mystique de la croissance, de cette foi dans le « développement » qui ont si profondément marqué l'idéologie dominante de la période de la seconde après-guerre. Sans doute, en tête de la publication, l'éditorialiste tient-il à reconnaître les tares de ce passé rural dont le lecteur va se trouver invité à rechercher les traces et à méditer les leçons : l'analphabétisme, la pauvreté, la soumission à la maladie et à la mort. « Pourtant, poursuit le texte, s'il s'agit d'abolir désormais les abus d'un siècle d'industrialisme, les comportements nouveaux se chercheront inévitablement des racines en deçà de la civilisation du fer et du charbon. » Suit donc une longue évocation, mi-attendrie mi-lyrique, des « valeurs d'autrefois », des « vieilles sagesses qui s'accrochent loin des autoroutes », des « parlers régionaux », des antiques dictons, des « chansons de labour », des rituels traditionnels, de la flamme des feux de bois et des vertus incomparables des herbes guérisseuses... Les modes passent vite et plus encore les expressions déjà caricaturales d'une « contre-culture » dont il est difficile, dans ce cas, de penser qu'elle a pu être très authentiquement vécue par ceux qui s'en sont faits les interprètes. Au-delà d'une certaine forme d'ironie rétrospective, reste cependant l'étonnante permanence des thèmes, des images et des stéréotypes. Reste aussi la vérité de certains traits dans l'évocation d'une sociabilité à retrouver, d'une vie communautaire à reconstruire.

A l'époque de la pénurie, et peut-être à cause d'elle [rapporte un témoin interrogé dans ce même numéro sur les mutations récentes de la société paysanne], la communauté villageoise serrait les coudes. On chantait dehors, les gens s'interpellaient, un paysan avait toujours un mot gentil, un proverbe local sur le temps ou les récoltes, du genre : « Tiens il pleuvra, un serpent a traversé la route. » Le curé faisait les bons offices, arrangeait les ménages. Il fallait bien se soigner les uns les autres, on avait besoin de tout le monde pour les récoltes. Voilà qui est fini. On est maintenant concurrent, jaloux, méfiant.

Observation concrète ou reconstitution imaginaire d'un passé cependant encore très proche ? Pas plus que pour Rétif, Proudhon ou Péguy, il n'est possible de se prononcer. Le rapprochement ne s'impose pas moins avec les données que l'on pourra recueillir à travers la récente et fort intelligente étude d'une sociologue, Rose-Marie Lagrave — étude consacrée à ce que son auteur appelle « le village romanesque [63] ». « A quel village peut rêver une société à un moment donné de son histoire ? », interroge Mᵐᵉ Lagrave partant de l'analyse du contenu de 77 ouvrages relevant du récit romanesque, publiés en France de 1950 à 1960 et consacrés à l'évocation de la vie paysanne. On ne remarquera pas seulement combien le tableau du village archétypique dressé par Mᵐᵉ Lagrave se rapproche d'un modèle défini depuis le siècle des Lumières, combien d'autre part il continue à témoigner d'un même système de valeurs sociales. Deux indications de départ méritent d'être tout particulièrement retenues. Le fait, tout d'abord, que le nombre anormalement élevé de romans villageois publiés durant les dix années en question correspond très exactement à une période d'exode rural intense en même temps que de mutations décisives dans les genres de vie agricoles. Le fait, en second lieu, que la carte de la répartition géographique des lieux évoqués ne manque pas de coïncider, dans son ensemble, avec celle des régions (Centre, Basses-Alpes, Pyrénées) où le mouvement de désertification des campagnes s'est trouvé être le plus fortement accentué. Les succès de librairie remportés, au cours des dernières années, par les histoires de vie, les mémoires et les témoignages se rapportant eux aussi à la même période de la fin du XIXᵉ siècle ou au début du XXᵉ, riches le plus souvent d'un même type de souvenirs, viennent conforter l'observation.

Les enseignements du *Village romanesque* en apportent donc la confirmation : le regard porté sur le passé semble se faire d'autant plus insistant, d'autant plus chargé aussi d'émotion ou de passion, qu'il se tourne vers des genres de vie disparus ou en voie de disparition. Toujours présente sans doute à l'arrière-plan de l'imaginaire collectif, la mythologie de l'Age d'or connaît, dans l'histoire d'une société, des périodes d'intensité variable, des temps forts et des temps faibles, des poussées d'effervescence et des cycles de latence. L'important est de reconnaître que ces temps forts, ces poussées de l'effervescence mythique se situent très généralement aux moments où l'évolution économique et sociale tend à se précipiter, où le processus du changement s'accélère, où les anciens équilibres se trouvent de plus en plus puissamment mis en cause. L'essor de l'économie de marché et le développement de l'urbanisation dans la seconde moitié du XVIIIe siècle, le triomphe du machinisme et du capitalisme industriel dans le courant du siècle suivant, l'importance des transferts de population et des mutations des genres de vie aux lendemains de la Seconde Guerre mondiale constituent, semble-t-il, autant de zones de fragilité ou de fracture où le mythe s'enracine, prend corps et se diffuse. C'est dans un contexte historique assez semblable que nous avons appris à voir se développer la thématique de la Conspiration. Les rêves de l'Age d'or procèdent, selon toute vraisemblance, d'une forme relativement proche de malaise, d'inquiétude ou d'angoisse. C'est dans la fuite hors du temps présent, dans le refus ou la négation de certaines des formes contemporaines de la vie sociale, qu'ils projettent, pour leur part, l'enchaînement singulièrement complexe d'images, de représentations et de symboles dont ils demeurent les inépuisables générateurs.

Constatation décisive sans doute, dont il convient pourtant de se demander si elle peut être tenue pour entièrement satisfaisante. Si convaincante qu'elle puisse apparaître, la prise en compte des grands impacts démographiques, économiques et sociaux des deux derniers siècles suffit-elle, en l'occurrence, à épuiser la totalité de la réalité mythique? La tonalité affective qui domine assez généralement les textes recueillis dans ce chapitre, une certaine qualité d'émotion, de frémissement personnel, invitent effectivement à aller plus loin. Ainsi ne peut-on manquer d'être frappé par la présence, parfois murmurée, mais presque toujours immédiatement saisissable, à l'arrière-plan d'un discours qui se veut de portée générale, de la référence autobiographique, de la confidence, d'un appel aux sources les plus intimes de la mémoire. Dans le domaine clos de Clarens, sous ses grands arbres et dans ses vallons, le bonheur que connaît Saint-Preux lui apparaît comme un écho à peine altéré, épuré, apaisé seulement de celui des années de son enfance. «Comment se dérober à la douce illusion que ces objets font naître...?» L'usure du temps s'efface; du plus loin du passé resurgissent la fraîcheur, l'émerveillement de l'aube de la vie. Mais n'est-ce pas la clé même de l'œuvre de Rousseau que ce mouvement venu du plus profond de l'être et qui lui fait confondre la vision d'une jeunesse perdue du monde — du monde avant l'histoire — avec celle, rêvée mais toujours présente, des moments bénis de ses premières années. Reconquérir le bonheur, l'innocence de l'une, c'est revenir au bonheur, à l'innocence des autres; l'état de nature et l'état d'enfance tendent à se trouver assimilés l'un à l'autre. De même — ou à peu près — est-ce à l'antique faubourg Bourgogne, au décor et aux chants de son enfance que renvoie Péguy pour évoquer le peuple de l'ancienne France, sa noblesse, la justesse de sa gaieté («Nous en avons été enfants...»). De même encore est-ce leur fidélité tenace à leurs racines campagnardes (et peu importe, en vérité, que celles-ci soient plus ou moins proches), au souvenir toujours présent du village originel, que tend généralement à exprimer le message de l'idéologie rurale, que celui-ci se situe sur le plan de la construction doctrinale ou sur celui de la réflexion éthique. Dans la définition mythique de l'Age d'or, il est rare, en vérité, de ne pas avoir à prendre en considération le poids du souvenir, l'expérience vécue du mouvement de la mémoire.

Cette confusion d'une double nostalgie, celle d'un passé individuel et celle d'un temps révolu de l'histoire, Jean Bodin, à la fin du XVIᵉ siècle, l'avait déjà dénoncée au nom du simple bon sens, en termes drus et concrets. «C'est une erreur grave, commentait Bodin, que de croire que le genre humain ne cesse de dégénérer. Et comme ceux qui la commettent sont généralement des vieillards, il est probable qu'ils se rappellent le charme de leur jeunesse toujours renaissante de joie et de volupté, tandis qu'ils se voient désormais sevrés de tout plaisir. » Pure fiction donc, phantasmes de l'âge que ces images de gloire, de félicité ou d'innocence attachées à l'évocation d'un passé disparu. « Il arrive alors qu'accablés par de tristes pensées et trompés par une représentation inexacte des choses ils se figurent que la bonne foi et l'amitié ont disparu entre les hommes, et, comme s'ils revenaient d'une longue navigation à travers ces temps fortunés, ils se mettent à parler de l'Age d'or... » Loin de remettre en cause la signification essentielle de l'observation, les acquis de l'analyse psychologique contemporaine permettent d'ailleurs d'en préciser la portée. Non pas seulement en définissant le phénomène de nostalgie comme un fait de « régression » — pulsion de retour vers la quiétude de la vie fœtale ou l'environnement sécurisant de la première enfance —, mais en insistant surtout sur les conditions extérieures à même d'en précipiter le développement. Le psychisme primitif étant considéré par définition comme indéracinable, le passé infantile surtout étant admis comme toujours présent dans l'inconscient adulte, toute agression extérieure, toute situation conflictuelle risque de se traduire par un retour, à la limite une fixation névrotique, vers un stade inférieur de la formation de la personnalité. Passé individuel vécu et passé historique reconstitué peuvent ainsi se rejoindre à travers une même quête, une même vision, celle de la lumière perdue du premier bonheur, celle aussi d'une intimité close, d'une assurance paisible depuis longtemps disparues [64].

Sans doute, pour peu que l'on veuille bien y réfléchir, le schéma risque-t-il d'apparaître sensiblement moins simple dans l'analyse de ses mécanismes que dans la formulation générale de son énoncé. Peut-être faudrait-il tenir plus largement compte de la peur du vieillissement, du refus de la déchéance corporelle, des réactions instinctives à l'approche de cette ombre qui sera celle de la mort. Mais comment surtout expliquer le passage du traumatisme collectif aux constructions de l'imaginaire individuel et le passage inverse de l'angoisse personnelle à la définition d'une vision organisée d'un destin collectif? Il semble difficile de tenir pour assuré que la rigueur des réponses généralement apportées soit à l'exacte mesure de la complexité de la question. Parce que, de nouveau, l'effort d'interprétation psychologique se trouve appelé à recouper et à compléter l'essai d'explication sociologique, l'indication reste pourtant décisive. Décisive aussi dans la mesure où elle vient, une fois encore, souligner la fluidité, l'ambiguïté essentielle de toute mythologie de l'Age d'or, errance perpétuelle du passé au présent de la constatation de l'éphémère à l'exigence de la durée. Il suffit d'écouter Jung évoquant la constante et secrète présence, au plus intime d'entre nous, de «cet état paradisiaque dont jadis une dure loi nous sépara» : dans cet «empire souterrain», sommeillent en même temps, affirme-t-il, «les doux sentiments du foyer et les infinis espoirs de toutes choses en cours de développement[65]». En d'autres termes, il n'y a pas rupture, affrontement irréductible entre les puissances de la nostalgie et celles de l'espérance, mais continuité, indispensable complémentarité. Le temps perdu, dès qu'on l'évoque, est nécessairement un temps que l'on a déjà retrouvé. La souffrance de l'exil n'est rien d'autre qu'un appel au retour. De même n'existe-t-il pas d'évocation d'un bonheur disparu qui ne témoigne simultanément d'une aspiration à sa restauration. Le destin se remet en marche dès que le souvenir est appelé à l'emporter sur les ombres de l'oubli. La sacralisation du passé n'est jamais très éloignée de l'annonce prophétique de sa renaissance; pleurer sur les Dieux morts n'est qu'une façon, et non la moins efficace, de témoigner de leur présence. C'est dans toute leur ampleur annonciatrice que les vers de Nerval se présentent à la mémoire :

Ils reviendront ces Dieux que tu pleures toujours
Le temps va ramener l'ordre des anciens jours.

L'expression politique de la mythologie de l'Age d'or finit par rejoindre ici — mais c'est pour s'y diluer et s'y perdre — ce thème immense, multiforme, toujours renaissant, inscrit sans doute au plus profond de l'histoire religieuse de l'humanité, et qui est celui du Grand Retour. Il ne serait pas, après tout, interdit d'imaginer l'existence d'une mémoire collective qui serait celle de l'espèce et qui garderait très obscurément le souvenir de ces longs millénaires où, dans les horizons sans bornes d'un espace vierge, encore infiniment disponible, des petits groupes d'hommes, dispersés, sans crainte les uns des autres, vivaient librement et en suffisance de la cueillette et de la chasse. Revenant plus sagement dans les limites de notre sujet, le témoignage reste au demeurant significatif de ces auteurs «utopistes» du XVIIIe siècle qui, nuançant très paradoxalement leur rousseauisme fondamental d'une foi quasi religieuse dans le progrès scientifique, voyaient dans les découvertes de leur époque l'un des moyens les plus sûrs de revenir à l'état de nature. Tel, par exemple, Court de Gibelin saluant dans le magnétisme «cet agent admirable de la nature», l'instrument attendu qui permettra de triompher de «la rouille des temps» et de revenir aux printemps heureux de l'histoire humaine : grâce à ces forces neuves redécouvertes par la Science se trouvera rétablie «cette Harmonie primitive qui régnait entre l'homme et l'univers, Harmonie par laquelle tout était bien et qui devenait pour l'homme et la société les sources de biens précieux ; de la félicité [66]». Tel encore l'auteur d'*Alexis ou l'Age d'or* qui annonce le retour de la sage quiétude de l'état de nature comme l'ultime aboutissement du développement de la Science.

> Il aura lieu [le nouvel Age d'Or] lorsque les sciences de l'homme seront parvenues aussi loin qu'avec les organes actuels il aura su les porter, lorsqu'il verra distinctement les bornes de son intelligence dans les forces de l'univers qu'il peut connaître, lorsqu'il percevra la disproportion absurde entre ses désirs et ce dont il peut jouir sur la terre et lorsque, voyant les étranges effets qui en résultent, il retournera sur ses pas et trouvera un salutaire et juste équilibre entre ses désirs et les objets placés dans sa sphère d'activité actuelle.

Ce «retour» de l'humanité vers les «premiers pas de son histoire», c'est sans peine, d'autre part, que l'on en retrouve l'image dans les romans d'anticipation et de science-fiction de la période contemporaine. Un historien futur écrit, au cours de l'année 3750 de notre ère, la chronique des deux derniers millénaires écoulés : tel est notamment le thème des *Mémoires du futur* de l'écrivain américain John Atkins, ouvrage publié en France en 1958[67]. Les guerres mondiales entre les grands empires se sont succédé sur la Terre, puis est venue la lutte avec les extra-terrestres, enfin la prise de possession de Mars. Mais, après tant de tumultes et tant de conflits, l'humanité s'est trouvée rejetée sur son globe originel, épuisée, affreusement décimée, son appareil technico-scientifique anéanti. Un groupe de survivants s'est cependant rassemblé le long de la vallée du Nil. La société qu'ils ont reconstituée est étroite, homogène, régie par « la coutume et le cérémonial ». Leur mode de vie est « pastoral et paisible ». Mais déjà renaissent, chez quelques-uns, le goût et le besoin de créer. L'aventure humaine peut re-commencer... Cette vision d'une humanité revenue aux sources de son enfance originelle, raréfiée mais réconciliée, est banale sans doute et, dans la circonstance, dépourvue de tout message idéolo-gique. Aux mythologies politiques de l'Age d'or, et bien au-delà de leur multiplicité, de leur diversité et de leurs contradictions partisanes, elle n'est peut-être pas cependant sans apporter un supplément de signification. C'est à elle, en tout cas, qu'il faut probablement recourir pour expliquer et comprendre ce perpétuel et douloureux balancement, qui les caractérise toutes en fin de compte, entre l'impuissance à reconstituer ce qui a été et cette pesanteur d'espérance que garde toujours le souvenir[68].

L'Unité

Chacun le sait : c'est dans les sentiers battus qu'il y a le plus d'ornières. De même un paysage trop familier, trop fréquemment parcouru laisse-t-il la plupart du temps échapper ce qui fait son unicité et sa véracité, l'essentiel de sa structure et son ordonnance. Pour s'être depuis trop longtemps accoutumé à sa trop immédiate proximité, le regard semble avoir cessé de prendre en charge l'arrière-plan sur lequel il se détache, cet arrière-plan où se situent pourtant les lignes de force majeures autour desquelles il s'articule. Il en est peut-être ainsi de l'histoire politique et idéologique du XIXe siècle français. L'affrontement des partis, l'opposition des programmes et des hommes, la multiplicité des doctrines et la diversité de leur énoncé, une littérature immense, toujours plus abondante, n'a cessé d'en dresser le plus minutieux des inventaires. Il ne reste pas moins que, au-delà de cet itinéraire si soigneusement balisé, il suffit parfois de la confrontation de certains textes, de l'émergence inattendue de certaines formes de curiosité, pour se trouver conduit vers d'autres types de lecture. L'éclairage se modifie, de nouvelles perspectives se dessinent. Sans que rien ait apparemment bougé dans les masses qui le composent, c'est tout un horizon historique qui tend à apparaître sous un angle différent, à s'offrir à d'autres approches.

Ouvrons par exemple ce livre si puissant et si déconcertant à la fois, si pleinement chargé et de nuit et d'éclairs, qui se situe au carrefour de tant d'itinéraires intellectuels du début du siècle dernier et que sont *les Soirées de Saint-Pétersbourg* de Joseph de Maistre. Il s'agira en l'occurrence du dixième « entretien », longue méditation sur ce qu'il est permis d'appeler le mystère de l'Unité. « Plus on examine l'univers, affirme Joseph de Maistre, et plus on se sent porté à croire que le mal vient d'une certaine division qu'on ne sait expliquer et que le retour du bien dépend d'une force contraire qui nous pousse sans cesse vers une certaine unité tout aussi inconcevable. » Deux épisodes lui semblent à cet égard dominer l'histoire du monde : celui de Babel, où les langues se divisent, et celui de la Pentecôte, « marqué par un merveilleux effort pour les réunir ». Ainsi « tout ayant été divisé, tout aspire à la réunion ». L'essentiel de la noblesse, de la grandeur de l'homme se résume dans le constant effort que poursuit celui-ci pour « établir une volonté une et régulière » venant se substituer aux « myriades de volontés divergentes et coupables ». Cet effort, une image, un acte cérémoniel l'ont toujours symbolisé : le banquet, le repas pris en commun, consécration et représentation visible de la communion des cœurs et des âmes.

> N'avez-vous jamais réfléchi [interroge Maistre] à l'importance que les hommes ont toujours attachée aux repas pris en commun. [...]Point de traités, point d'accords, point de fêtes, point de cérémonies d'aucune espèce, même lugubres, sans repas [...]. Descendez depuis le palais du monarque européen jusqu'à la hutte du cacique ; passez de la plus haute civilisation aux rudiments de la société ; examinez tous les rangs, toutes les conditions, tous les caractères, partout vous trouverez les repas placés comme une espèce de religion, comme une théorie d'égards, de bienveillance, d'étiquette, souvent de politique ; théorie qui a ses lois, ses observations, ses délicatesses très remarquables. Les hommes n'ont pas trouvé de signe d'union plus expressif que de se rassembler pour prendre, ainsi rapprochés, une nourriture commune. Ce signe a paru exalter l'union jusqu'à l'unité. Ce sentiment étant donc universel, la religion l'a choisi pour en faire la base de son principal mystère ; et comme tout repas, suivant l'instinct universel, étant

une communion à la même coupe, elle a voulu à son tour que cette communion fût un repas. Pour la vie spirituelle comme pour la vie corporelle, une nourriture est nécessaire. Le même organe matériel sert à l'une et à l'autre. A ce banquet tous les hommes deviennent *un* en se rassasiant d'une nourriture qui est une, et qui est toute dans tous. [...] Car tout ainsi que plusieurs grains de blé ou de raisin ne font qu'un pain et qu'une boisson, de même ce pain et ce vin mystiques qui nous sont présentés à la table sainte, brisent le *moi* et nous absorbent dans leur inconcevable unité.

Mais comment ne pas se souvenir en lisant ces lignes du rôle précisément attribué au banquet dans l'élaboration, à quelques années près par rapport à celles où se situe la réflexion de Joseph de Maistre, de tout ce qui devait constituer pour plus d'un siècle l'un des aspects essentiels du rituel politique de notre pays? On ne songe pas seulement ici à la fameuse campagne dite des Banquets qui prépara et précipita, en 1848, la chute de la monarchie de Juillet. Le banquet est inséparable de la chronique de la Troisième République et de la quasi-quotidienneté de ses pratiques politiques. On ne saurait oublier par ailleurs le rôle privilégié qu'il avait déjà tenu dans le symbolisme liturgique de l'Église saint-simonienne : avant même l'installation du «Temple» saint-simonien de Ménilmontant, dans le premier local de la rue Monsigny, le principe du repas pris en commun était considéré par les disciples du Père Bazard et du Père Enfantin comme l'une des expressions les plus significatives de leur solidarité mystique. De même, dans l'organisation du phalanstère fouriériste, la multiplication des festins collectifs devait-elle à la fois illustrer et sceller l'harmonieuse cohésion de la communauté... *Le Banquet,* tel est encore le titre d'un ouvrage de Michelet [69], publié après sa mort, mais dont les fragments ont été rédigés dans les années 1850 et qui se trouve tout entier consacré à l'exaltation de cette «belle harmonie vivante des cœurs fraternels», cette «vertu puissante» qui est celle du «miracle d'association». «Sainteté de la Table» s'écrie à son tour Michelet évoquant à la fois la Cène et les grands souvenirs de l'histoire de la pensée antique. La Commune de Paris, rappelle-t-il, avait songé sous la Révolution à organiser des repas publics dans les rues de la capitale. «Le rêve de Danton, si l'on en croit ses ennemis, était de voir la France entière, riches et pauvres indistinctement, tous les partis réconciliés, assis au même banquet.» Rêve prophétique qui annonce la vision du rassemblement pacifique, après leur avènement à la liberté, de tous les peuples de l'Europe. «J'ai vu, écrit Michelet, une table dressée — de l'Irlande au Kamtchatka : convives absents, présents, une même communion.»

«En l'unité est la vie, avait proclamé Bossuet deux siècles auparavant ; en dehors de l'unité la mort est certaine.» Joseph de Maistre lui fait écho en affirmant que l'œuvre de Dieu ne connaîtra son achèvement qu'avec la conclusion d'une aventure humaine «consommée dans l'unité». Mais c'est Michelet également qui lui répond en citant avec une émotion quasi religieuse ce mot «simple et admirable» adressé à la France par la Commune de Paris en 1793 : «Nous n'avons qu'un seul désir : nous perdre dans le grand tout.» «Sans l'unité nous périssons. Comment ne le sentons-nous pas ?», interroge de nouveau Michelet au détour d'une page du *Peuple*. Et combien de voix, parmi les plus hautes, pour venir s'ajouter à la sienne. Telle celle d'Auguste Comte [70], qui annonce très explicitement son dessein de jeter les bases d'un nouvel ordre politique essentiellement fondé sur l'«unité d'une doctrine commune». «Au point de vue positif, écrit Comte, tout le problème humain consiste à constituer l'unité personnelle et sociale, par la subordination continue de l'égoïsme à l'altruisme.» Telles aussi les voix, à peu près unanimes, de tous les grands visionnaires politiques du début du siècle. «Une société dont les membres entrent en opposition les uns avec les autres tend à sa dissolution», affirme Saint-Simon [71]. «Si l'égoïsme s'est emparé de la société tout entière, poursuit Enfantin, c'est parce que la communion, c'est-à-dire l'unité de croyance n'existe plus.» Et Fourier de son côté, condamnant le «disparate» de la vie religieuse de son époque : «Il faudra un culte universel, l'unité devant régner dans cette branche des relations comme dans toutes les autres.»

À tant de formules, une autre toutefois — et qui leur est presque contemporaine — peut être mot pour mot opposée. «La diversité c'est la vie, proclame pour sa part Benjamin Constant; l'uniformité c'est la mort.» Dans l'histoire politique et idéologique des deux derniers siècles, une ligne de partage se trouve ainsi très clairement définie, et dont on ne saurait trop souligner l'importance. Fait caractéristique : son tracé ne coïncide que très accidentellement avec les frontières habituellement reconnues des groupes, des mouvements ou des partis politiques. Les oppositions qu'il met en évidence n'ont guère de rapport avec les notions traditionnelles de droite et de gauche; l'héritage même de la Révolution française est susceptible de se trouver évoqué aussi bien d'un côté que de l'autre. Les termes de l'antagonisme n'en apparaissent pas moins singulièrement explicites. D'une part, l'insistance mise sur l'autonomie de l'individu et ses capacités de libre disposition de lui-même, l'acceptation délibérée d'une société conflictuelle, de ses divisions et de ses différences, la méfiance tenace à l'égard de toutes les Églises, de leurs appareils et de leurs dogmes. De l'autre, la volonté de rassembler et de fondre, la vision d'une société homogène et cohérente, la condamnation au nom du bien commun du repli de l'individu sur lui-même et sur ses intérêts, la crainte des schismes et des dissidences, la recherche d'une foi commune et l'exaltation des grandes effusions collectives.

Deux visions donc du destin commun, deux systèmes de valeurs sociales, et plus encore peut-être deux types d'attitude et de comportement, deux formes de sensibilité et de disponibilité. Encore convient-il de remarquer que, de chaque côté de la ligne qui les délimite, la part laissée à l'imaginaire est très loin d'être équivalente. Idéologie à la volonté rationalisante nettement prononcée, l'individualisme pluraliste semble n'accorder qu'une place assez restreinte aux puissances et aux entraînements du rêve. Au-delà de ses formulations doctrinales, la thématique de l'Unité révèle en revanche un arrière-plan de construction mythique étonnamment riche, un réseau singulièrement dense de représentations oniriques, d'images et de symboles. Prétendre démêler cet écheveau, le discipliner, dégager l'enchevêtrement de ses liens, en saisir les lignes de force, l'entreprise n'est certainement pas aisée. Si elle n'était pas tentée, ce serait en tout cas une très large partie du paysage mythologique français qui risquerait de demeurer inexcusablement occultée.

DE LA RELIGION CIVILE AU POUVOIR SPIRITUEL

« Rendez à César ce qui est à César... » Jean-Jacques Rousseau (qu'il faut bien encore une fois rencontrer) n'a certes pas été le premier à opposer à l'axiome évangélique la plus ferme des récusations. Tel qu'il se trouve exprimé, avec une parfaite clarté, au chapitre 8 du livre IV du *Contrat social,* ce refus ne représente pas moins un point de départ essentiel dans l'histoire idéologique et morale des deux derniers siècles. Distinguant et opposant le royaume de César et le royaume de Dieu, séparant en d'autres termes « le système théologique du système politique », c'est dans la parole du Christ, soutient Rousseau, qu'il faut rechercher la cause essentielle des « divisions intestines » qui, depuis les premiers siècles de notre ère, n'ont « jamais cessé d'agiter les peuples chrétiens ». L'État a cessé « d'être un ». De la division et de la coexistence de deux pouvoirs, celle du prince et celle de ceux qui se considèrent comme les représentants des lois divines, a résulté « un perpétuel conflit de juridiction » qui a rendu dans nos sociétés toute « bonne politique impossible ». « On n'a jamais su, écrit Rousseau, auquel du maître ou du prêtre on était obligé d'obéir. » La situation présente est donc celle d'un « droit mixte et insociable qui n'a point de nom » : relevant de deux législations, pratiquement de deux patries différentes, les membres d'une même communauté politique se trouvent soumis à des devoirs contradictoires, placés dans l'impossibilité d'être à la fois « citoyens et dévots »... « Toutes les institutions qui mettent l'homme en contradiction avec lui-même » devant être condamnées, il importe en conséquence, soutient toujours Rousseau, de rétablir « la liaison nécessaire du culte sacré et du corps de l'État », « du culte divin et de l'amour des lois ». Il faut, comme le souhaitait déjà Hobbes, « réunir les deux têtes de l'aigle », « tout ramener à l'unité politique, sans laquelle jamais État ni gouvernement ne sera bien constitué ». L'objectif sera atteint par l'établissement d'une profession de foi « purement civile » dont il appartiendra au souverain de fixer les articles. Ceux-ci seront « simples, en petit nombre, énoncés avec précision » : la reconnaissance de l'existence d'une « Divinité puissante, intelligente, bienfaisante, prévoyante », étroitement associée à celle de « la sainteté des Lois », constitueront l'essentiel de leur énoncé dogmatique.

Dans la stricte rigueur de sa définition, la religion civile — telle du moins qu'elle se trouve évoquée dans le *Contrat social* — ne présente aucun caractère d'exclusivisme totalitaire. Si elle vient s'ajouter aux autres cultes, elle ne prétend ni les éliminer, ni se substituer à eux. A la limite même, elle peut ne représenter pour le citoyen que le témoignage symbolique de son adhésion au contrat social. Mais il faut aussitôt tenir compte de l'existence obligatoire pour toute religion, même réduite au catéchisme le plus mince, d'un culte, d'un rituel, d'une liturgie. On sait d'autre part la place qu'occupe la fête dans la vision rousseauiste de la vie communautaire — moment privilégié où, dans l'innocence retrouvée, les âmes s'épanchent et les cœurs se répondent. Surtout on ne saurait oublier que l'institution d'une religion civile ne fait en l'occurrence que consacrer le modèle d'une société réconciliée avec elle-même où l'homme religieux viendra se confondre avec le citoyen, la célébration de la divinité avec celle de la citoyenneté. Il ne s'agit de rien d'autre, en fin de compte, que de « faire monter les âmes au ton des âmes antiques ». La Cité antique réunissait dans une même conception du sacré le culte de ses dieux et celui de sa propre image. Épuré, dépouillé de tout son environnement de superstitions archaïques et de croyances fallacieuses, c'est son équivalent contemporain qu'il importe de retrouver. « Les bonnes institutions, assure Rousseau, sont celles qui sont capables de transporter le moi dans l'unité commune. » Garantissant « la conformité de chaque volonté particulière à la volonté générale », éliminant les risques de contradiction interne, de schisme ou de dissidence, c'est en fait l'avènement d'un état de totale cohésion sociale qu'implique, dans son principe même, la notion de religion civile. C'est dans l'exacte mesure où ils viendront contribuer à la vertu et au bonheur de tous que « la vertu et le bonheur de chacun » sont censés prendre tout leur sens. « Rendez les hommes conséquents avec eux-mêmes, écrit encore Jean-Jacques, leur félicité sera celle de la République. Car n'étant rien que par elle, ils ne seraient rien que pour elle ; elle aura tout ce qu'ils ont et serait tout ce qu'ils sont… »

Concept théorique sans doute, dans la pensée de Rousseau, que celui de la religion civile. Ainsi compris et ainsi défini, il annonçait pourtant l'avènement prochain d'une réalité concrète, historiquement vivante et que nous avons déjà eu l'occasion d'évoquer : celle de la fête révolutionnaire. Modifier la substance de l'homme afin « de l'identifier avec la forme de gouvernement et à faire de l'amour de la Liberté sa passion dominante », ces formules, écrites sous le Directoire, sont de l'ancien conventionnel La Révellière-Lépeaux. Faisant très directement écho aux assertions de Rousseau, il est significatif que ce soit précisément à l'organisation d'un système institutionnalisé de fêtes collectives qu'elles se rapportent, — système dont elles entendent d'ailleurs et résumer et légitimer le dessein.

De l'ensemble de ces fêtes collectives qui jalonnent le cours de la période révolutionnaire, sans doute la grande majorité des historiens n'a-t-elle longtemps parlé qu'avec gêne ou réticence, ne leur accordant qu'une part accessoire de leur attention. En dehors de quelques cas exceptionnels, — la Fête de la Fédération, celle de l'Être suprême, — beaucoup ont eu tendance à ne voir en elles que l'expression de transgressions désordonnées, manifestations anarchiques et confuses de foules non contrôlées. D'autres au contraire ont insisté sur l'aspect compassé de beaucoup d'entre elles, leur apparence figée, officielle et somme toute artificielle, « Éden, dit Renan, de bourgeois heureux, s'amusant par escouades, croyants par décrets.» Le très beau livre que Mona Ozouf a consacré au sujet [72] est venu toutefois, depuis quelques années, bouleverser ces données trop bien établies. Il a montré et souligné d'abord l'importance de ce qu'il faut bien considérer comme une institution, importance qu'atteste la masse particulièrement imposante de rapports, de discours, de projets et de propositions qui lui ont été consacrés. Surtout — et c'est par là que son apport intéresse très directement notre sujet —, l'étude de Mona Ozouf s'est efforcée de dégager la signification essentielle que la mentalité révolutionnaire n'a jamais cessé de lui attribuer. Signification qui correspond en fait à l'expression d'une double volonté très explicitement exprimée.

Volonté pédagogique d'abord : «point de réunion pour l'exercice des vertus sociales», selon une formule de Collot d'Herbois, imposant — par son rituel aussi bien que par son caractère répétitif — des «habitudes morales», des rudiments de discipline collective, la fête révolutionnaire est appelée à devenir «l'institutrice de la nation». C'est grâce à elle que l'esprit même de la République et de ses «saintes institutions» pénétrera dans les cœurs et dans les âmes. Mais volonté aussi de rassemblement, d'unification, d'élimination de tous les facteurs individuels ou collectifs de diversité, de non-conformité : la fête doit se saisir de la totalité de l'existence de chacun pour l'amener à se perdre dans l'immensité de la ferveur collective. «Nous ne laisserons aucun corps hétérogène dans la République», avait proclamé au Club des Jacobins, le 16 germinal an II, le délégué Garnier (de Saintes). De son côté Rabaut Saint-Étienne fixait pour objectif à l'éducation du citoyen de donner à tous «cet air de ressemblance et de famille qui distingue un peuple aussi élevé de tous les autres peuples de la terre». Il convenait, précisait-il, de «s'emparer de l'homme dès le berceau, et même avant la naissance, car l'enfant qui n'est pas né appartient déjà à la patrie»... C'est du même idéal que relève le principe de la fête révolutionnaire. Et ce n'est pas en vain par exemple si, dans le texte déjà cité, La Révellière envisage la mise au point d'un système d'appels et de «signes» destinés, pour chacune des cérémonies prévues, à faire répéter à «l'universalité des spectateurs» les mêmes gestes, les mêmes «paroles sacrées».

En fait, avec ses autels de la Patrie, ses statues de la Liberté, ses processions, ses cantates et ses prêches, la fête révolutionnaire ne visait à rien d'autre qu'à faire prévaloir, sur les ruines des «vieilles superstitions», une nouvelle forme de sacralité. Et là fut sans doute la cause essentielle de son insuccès. La ferveur de ses promoteurs manquait d'un enracinement sociologique suffisamment étendu. Elle se heurtait aussi bien à la profondeur millénaire, à la force encore à peine entamée de la foi traditionnelle qu'aux valeurs d'indépendance, de libre disposition de soi-même, d'autonomie de la personne d'un individualisme libéral auquel se trouvait déjà attachée une large part des milieux «éclairés». Les doctrinaires de la fête instrument fondateur de la piété républicaine auraient dû, en somme, prêter plus d'attention à une observation de Condorcet, expliquant qu'elles portaient en elles «un germe de destruction profonde», ces «constitutions anciennes» que leurs auteurs aspiraient «à rendre éternelles» en les présentant «au nom des Dieux à l'enthousiasme des foules»... La fête révolutionnaire éliminée de l'histoire avec ses théoriciens, ses doctrinaires et ses desservants, il apparaît toutefois que n'ont pas disparu pour autant la notion d'un lien nécessaire à établir (ou à rétablir) entre le religieux et le politique, la conviction d'une indispensable intégration (ou réintégration) du sacré dans l'organisation de la Cité. Les formes envisagées n'ont, de toute évidence, aucun rapport avec cet appel premier à la mobilisation des masses sur lequel reposait le modèle de la fête révolutionnaire. Il s'agit bien davantage d'une réflexion de caractère général sur les rapports entre les pouvoirs et les modalités organiques de leur harmonisation. La préoccupation majeure reste toujours cependant celle d'une unité à retrouver, d'un équilibre à restaurer aussi bien sur le plan de la morale individuelle que sur celui de la conscience collective, dans le cœur de l'homme aussi bien que dans le cadre des institutions de l'État. Toujours, en fin de compte, la même hantise d'une faille à combler, d'un schisme à éviter, d'une contradiction à surmonter...

« Instruite par l'expérience et par la tradition universelle des peuples, la sagesse antique avait compris qu'aucune société humaine ne pouvait ni se former, ni se perpétuer, si la religion ne présidait à sa naissance et ne lui communiquait cette force divine étrangère aux œuvres de l'homme, et qui est la vie de toutes les institutions durables. » Cette phrase, qui contredit bien évidemment l'aphorisme de Condorcet, mais que l'on pourrait sans trop de difficulté attribuer à Rousseau, est de Félicité de Lamennais — le Lamennais de la Restauration, farouche combattant de la cause de l'ultramontanisme catholique, défenseur intransigeant de l'union la plus étroite du trône et de l'autel [73]. Indiscutable chassé-croisé, moins paradoxal cependant qu'il risque de paraître : il ne faut pas s'étonner qu'aux lendemains de la période révolutionnaire et impériale ce soit précisément du camp politique et idéologique où se situe alors le futur auteur des *Paroles d'un croyant* que partent les attaques les plus violentes à l'égard d'un État, sinon laïque du moins en voie de laïcisation, tolérant à l'égard de la pluralité des confessions, laissant à la conscience de chacun le libre choix en matière religieuse. État « athée », tonne Lamennais en dépit du Concordat et des dispositions de la Charte de 1814 — État pour qui la religion n'est plus « qu'une chose qu'on administre », qui « se glorifie d'être indifférent à l'égard de tous les dogmes » et qui laisse ainsi la société civile livrée à un conflit intérieur sans trêve ni fin. « L'État, écrit Lamennais, a ses doctrines dont chaque jour il tire les conséquences dans les actes soit de législation, soit d'administration. La religion a des doctrines essentiellement opposées, dont elle tire les conséquences dans l'enseignement des devoirs et de la foi, et dans l'exercice du ministère pastoral. Il y a donc entre elle et l'État une guerre continuelle… » De cette séparation totale de l'« ordre religieux » et de l'« ordre politique » ne peut naître que l'étroit repli de chacun sur lui-même, l'antagonisme des intérêts et des égoïsmes, le seul souci de la domination matérielle.

> Or [poursuit Lamennais], la vie de la société n'est pas de l'ordre matériel. Jamais État ne fut fondé pour satisfaire aux besoins

physiques. L'accroissement des richesses, le progrès des jouissances ne créent entre les hommes aucun lien réel et une Société n'est pas un bazar [...]. Quel est en effet le pays, l'époque, où la société n'ait eu pour base des croyances communes avec les devoirs qui en résultent? N'est-ce pas toujours dans l'ordre spirituel, et là uniquement, que se trouve le principe d'union? Mais aussi nulle cause plus puissante de séparation que la diversité des croyances, rien qui rende l'homme plus étranger à l'homme, qui crée des défiances plus profondes, des inimitiés plus implacables. Cela est vrai surtout pour les peuples: quand la religion ne les unit pas, elle creuse entre eux un abîme.

Même thème chez Joseph de Maistre, situé seulement dans une perspective historique à la fois plus large et plus haute. L'essentiel en l'occurrence (et sans doute faut-il voir là l'une des conséquences de l'histoire vécue des épisodes de la Révolution et de l'Empire) est la méfiance singulièrement tenace que Maistre ne cesse de témoigner à l'égard de tout pouvoir politique. Peu importent en vérité ses origines et peu importe sa nature: toute domination temporelle lui apparaît comme d'essence intrinsèquement machiavélienne; aucune n'échappe à la tentation de la violence, au mépris des règles premières de la morale; aucune dont la volonté de puissance ne constitue une menace toujours présente à l'égard du droit des gens et des exigences de la conscience. «Malheur aux princes, s'écrie Maistre, s'ils pouvaient tout!»... D'où la nécessité d'un «pouvoir spirituel» placé au-dessus des souverainetés temporelles et dont l'autorité puisse leur faire contrepoids, les limiter, les contrôler, les rendre enfin «supportables». D'où, plus précisément, l'exaltation de la souveraineté pontificale et du rôle civilisateur qui lui est attribué dans l'histoire de l'Occident [74]. «Qu'on eût laissé les princes indomptés du Moyen Age, écrit encore Maistre, et bientôt on eût vu les mœurs des païens.» L'affirmation de l'autorité de la papauté a sauvé les peuples chrétiens de «l'incapacité, de la bassesse et de la férocité des souverains qui la précédèrent». C'est à l'effondrement de cette autorité, victime de «l'aveuglement» ou de la passion dominatrice des princes, qu'il faut en fait attribuer les grandes tragédies des temps modernes.

« L'hypothèse de toutes les souverainetés chrétiennes réunies par la fraternité religieuse en une sorte de république universelle, sous la suprématie mesurée du pouvoir spirituel, je ne vois pas que les temps modernes aient rien imaginé de meilleur, ni même d'aussi bon... Les plus affreuses calamités, les guerres de Religion, la Révolution française, etc., n'eussent pas été possibles dans cet ordre de choses. »

« Il est temps de revenir au Père commun », conclut Maistre. Cet appel à un pouvoir d'essence non temporelle, protecteur et fédérateur à la fois, cette évocation d'un Moyen Age, période privilégiée d'unité spirituelle et de solidarité humaine, il faut bien constater cependant que, dans cette première partie du XIXe siècle, l'école de l'ultramontanisme catholique est très loin d'en avoir le monopole. On les retrouve, non moins fortement exprimés, à travers les textes fondamentaux de l'église saint-simonienne aussi bien que dans ceux de sa déviance positiviste. Il ne s'agit évidemment ni pour Saint-Simon, ni pour ses disciples immédiats, pas plus d'ailleurs que pour ce disciple inavoué que fut Auguste Comte, de restaurer l'antique autorité pontificale ou de rétablir, dans sa forme traditionnelle, la chrétienté médiévale. L'autorité pontificale, la chrétienté médiévale ne représentent pas moins à leurs yeux deux références majeures, deux modèles — périmés sans doute —, en désharmonie avec les aspirations présentes de la société, qu'il ne peut être question d'imiter, mais dont la nécessité s'impose de retrouver les équivalents contemporains. Le catholicisme de son temps n'est plus pour Saint-Simon qu'« une portion d'un christianisme dégénéré » : depuis le XVe siècle, précise-t-il, l'Église romaine a renoncé à exercer son droit de contrôle et de direction à l'égard des puissances temporelles ; elle a abdiqué devant celles-ci, a conclu avec les rois un « pacte impie », s'est faite le « serviteur des calculs monarchiques ». Le Moyen Age demeure pourtant pour lui « l'époque la plus mémorable de toutes les époques de l'histoire humaine »... De même Comte, pensant à Maistre, estime-t-il totalement déraisonnable d'envisager « la reconstruction d'un système dont la destruction, déjà presque entièrement consommée, est désormais irrévocable». Ce qui ne l'empêche pas, après avoir considéré «le système» catholico-médiéval comme «irrémédiablement déchu», d'affirmer aussitôt que «ses services ont mérité l'éternelle reconnaissance de l'humanité».

Magnification du passé médiéval, à propos de laquelle Saint-Simon comme Auguste Comte s'expliquent d'ailleurs avec une totale clarté. «Les moments les plus heureux pour l'espèce humaine ont été ceux où les pouvoirs spirituel et matériel se sont le mieux équilibrés», affirme le premier. «La décadence de la philosophie théologique et du pouvoir spirituel, écrit le second, a laissé la société sans aucune discipline morale.» Et Comte poursuit en énumérant les tragiques conséquences de l'établissement de cet état d'«anarchie spirituelle»: le heurt permanent des croyances et des systèmes de pensée, «l'absence presque totale de morale publique», la priorité accordée à la satisfaction des besoins matériels, l'avènement d'une nouvelle forme de pouvoir «que l'on peut désigner, à défaut d'une expression plus juste, sous le nom de ministérialisme ou de despotisme administratif»... A tous ces maux, pour l'un comme pour l'autre, un seul et immense remède: l'instauration d'un nouveau «pouvoir spirituel» — un pouvoir spirituel «moderne», c'est-à-dire adapté aux exigences de ce temps. De ce pouvoir spirituel reconstitué, Saint-Simon ne fait que définir la finalité: «secouer le joug de César», rappeler leurs devoirs de justice, d'amour et de progrès à ceux qui se succèdent à la tête des peuples. Plus explicite Comte, quant à lui, développe le concept jusqu'à la construction d'un projet doctrinal cohérent, impératif et précis. Il s'agira, explique-t-il, d'une «corporation savante», dépositaire de la science suprême de l'organisation sociale et dont les attributions — rigoureusement séparées de celles du pouvoir temporel — ne sont pas sans rappeler celles que s'était longtemps attribuées le clergé catholique: «le gouvernement de l'opinion», l'établissement des «principes qui doivent présider aux rapports sociaux» et le soin de les inculquer aux masses comme à ceux qui sont appelés à les diriger. «On ne peut, écrit Auguste

Comte, régler l'ensemble des forces humaines qu'en érigeant, au-dessus des diverses autorités politiques, une même influence, destinée à subordonner les activités partielles à la providence générale, dont le vrai sacerdoce constitue l'interprète systématique. »

> Son attribution principale [de ce pouvoir spirituel] est donc [précise-t-il encore] la direction suprême de l'éducation, soit générale, soit spéciale ; mais surtout de la première, en prenant ce mot dans son acception la plus étendue, et lui faisant signifier, comme on le doit, le système entier d'idées et d'habitudes nécessaires pour préparer les individus à l'ordre social dans lequel ils doivent vivre, et pour adapter autant que possible chacun d'eux à la destination particulière qu'il doit remplir [75]...

Il va de soi que le projet comtien d'institution d'un pouvoir spirituel structuré et organisé — reconstitution en fait d'une nouvelle aristocratie sacerdotale — se révèle très différent dans son principe de la religion civile de Rousseau. Comme il va de soi par ailleurs que, sur le plan des concepts fondamentaux, ni Maistre ni Lamennais ne sauraient être confondus avec Saint-Simon ou La Révellière-Lépeaux. En ce qui concerne les finalités proposées, il reste vrai cependant qu'une très certaine impression de cohérence ne peut finalement manquer de s'imposer. Entre tant de textes, et sur certains points tellement contrastés, une préoccupation commune, il vaudrait mieux dire un impératif commun, fait apparaître un puissant point de convergence : la volonté de construire ce que l'on pourrait désigner comme une théologie morale du politique. Ou, en d'autres termes, d'assurer la rencontre, de réaliser l'imbrication de la morale, du religieux et du politique. Ou, en d'autres termes encore, de reconstituer les fondements moraux et religieux de la politique. Au-delà de l'expression de cette volonté, c'est vers une même image toutefois que se portent toutes les ferveurs du cœur, toutes les puissances du rêve. Image d'harmonie, d'équilibre et de fusion : celle d'une société Une, indivisible, homogène, à jamais protégée des troubles et des déchirements — bloc sans fissure accordant par là même à tous ceux qui le composent l'apaisante certitude d'une totale réconciliation avec eux-mêmes.

« CETTE GRANDE ET NOBLE UNITÉ DE LA PATRIE »

Benjamin Constant pouvait ironiser, à propos des premiers saint-simoniens, sur l'irruption — apparemment insolite dans l'histoire encore balbutiante du siècle — de tant de « nouveaux prêtres de Thèbes et de Memphis ». Multiples dans leur formulation, mais toutes édifiées autour de la vision mystique d'une unité à reconquérir, les grandes constructions spéculatives que nous venons d'évoquer n'en ont pas moins joué, dans la formation de la culture politique de l'Europe contemporaine, un rôle dont on ne saurait sous-estimer l'importance. Éloignons-nous d'elles cependant pour retrouver les horizons plus familiers, plus immédiatement accessibles, de notre histoire nationale, telle du moins que celle-ci fut présentée et enseignée, durant plus d'un siècle, à plusieurs générations de Français. De cette histoire, de la pédagogie qui l'inspirait, de la finalité idéologique qui lui était attribuée, certains manuels scolaires dont les titres, les couvertures, la présentation typographique elle-même restent encore présents dans beaucoup de mémoires — celui d'Ernest Lavisse pour les classes primaires, celui d'Albert Malet pour l'enseignement secondaire — constituent sans doute les témoignages les plus significatifs. Au-delà du *Petit Lavisse*, au-delà du *Malet et Isaac*[76], il est bien évident toutefois que ce sont les grands auteurs qui les ont précédés et inspirés, les véritables fondateurs de l'histoire nationale française, dont on ne peut manquer de retrouver la présence. Michelet occupant dans l'ensemble de ce chapitre l'une des principales positions charnières, il est, après tout, normal qu'au point de départ d'un nouveau cheminement ce soit d'abord à lui que nous nous adressions.

Arrêtons-nous, en l'occurrence, aux dernières pages de l'immense fresque descriptive qui occupe tout le livre III de l'*Histoire de France*, au long passage que Michelet consacre à Paris et à son rôle dans l'histoire nationale. Rôle curieux au premier abord puisqu'il se trouve très clairement assimilé à une fonction majeure d'ingurgitation et de digestion : au sens propre du terme Paris apparaît comme se nourrissant de la chair et du sang de chacune des provinces constitutives de la nation française. « Il boit la vie brute, écrit Michelet, et la transfigure… » Mais rôle décisif, rôle glorieux même puisque, grâce à « cette merveilleuse transformation », « le général » l'a emporté sur « le particulier », un centre s'est constitué, point de convergence et de fusion de toutes les réalités françaises autour duquel a pu s'affirmer « la haute et abstraite réalité à la Patrie »… « La fatalité des lieux a été vaincue, l'homme a échappé à la tyrannie des circonstances naturelles. » La cohésion dominatrice de la personnalité, l'Unité de l'être, n'est-ce pas par là en effet que l'homme se trouve placé au sommet de l'échelle des créatures vivantes ? « Chez les animaux d'ordre inférieur, poissons, insectes, mollusques et autres, la vie locale est forte », affirme Michelet n'hésitant pas pour l'occasion à recourir aux comparaisons de ce qu'il nomme lui-même une « ingénieuse physiologie ». Plus on s'élève dans le monde animal, plus s'affirme au contraire l'unicité du grand tout organique. Il en est de même pour les peuples : « La jouissance commune d'un grand nombre de parties, la solidarité de ces parties entre elles, la réciprocité des fonctions qu'elles exercent l'une à l'égard de l'autre, c'est là la supériorité morale. » En refoulant « l'esprit local », en éliminant « l'influence du sol, du climat et de la race au profit de l'action sociale et politique », Paris, « grand et complet symbole du pays », a assuré la victoire de « cette noble et pure généralisation de l'esprit moderne » sur ce chaos confus d'« intérêts individuels » qui demeure la caractéristique des « époques barbares », ces époques « où l'homme tient encore du sol, y est engagé, semble en faire partie ».

Texte sans équivoque : ce qui assure pour Michelet la supério-

155

rité, par rapport à toutes les autres formes d'organisation collective, de « ces grands et beaux systèmes qu'on appelle les nations », c'est bien en effet la certitude que ces systèmes représentent, incarnent, inscrivent au plus profond de la réalité sociale le principe même de l'Unité. D'où l'inégalable grandeur de la France, nation type, nation symbole, nation exemplaire, qui n'est ni un Empire comme l'Angleterre, ni une juxtaposition de pays comme l'Allemagne, ni un foisonnement de cités comme l'Italie. Sans doute la vie régionale risque-t-elle de payer de son affaiblissement sa dépendance à l'égard du centre, souffre-t-elle de la part réduite qui lui est laissée. Mais la France ne saurait être prise « pièce par pièce ». Il faut l'embrasser dans son ensemble. Chacune des parties qui la composent ne peut être comprise que par rapport au tout dans lequel elle s'insère, en tant qu'élément constitutif d'une harmonie globale qui lui donne et à laquelle elle apporte toute sa signification. Les provinces françaises doivent être vues dans une situation de totale complémentarité les unes par rapport aux autres. Ce que l'une conserve encore de singularité ne prend toute sa valeur et tout son sens que dans la mesure où elle vient ainsi compléter, corriger et équilibrer les caractères spécifiques présentés par les autres.

> C'est un grand et merveilleux spectacle [écrit Michelet] de promener son regard du centre aux extrémités, et d'embrasser de l'œil ce vaste et puissant organisme où les parties diverses sont si habilement rapprochées, opposer le faible au fort, le négatif au positif, de voir l'éloquente et vineuse Bourgogne entre l'ironique naïveté de la Champagne et l'âpreté critique, polémique, guerrière de la Franche-Comté et de la Lorraine ; de voir le fanatisme languedocien entre la légèreté provençale et l'indifférence gasconne, de voir la convoitise, l'esprit conquérant de la Normandie contenus entre la résistante Bretagne et l'épaisse et massive Flandre [...]. La force et la beauté de l'ensemble consistent dans la réciprocité des secours, dans la solidarité des parties, dans la distribution des fonctions, dans la division du travail social.

Harmonie admirable dont Michelet n'ignore pas qu'elle est due d'abord à l'action des hommes, à l'œuvre du temps, au travail de l'Histoire. Restent pourtant à l'arrière-plan, toujours assez confuses, mais presque toujours présentes, la notion d'une sorte de prédestination géographique de la nation française, l'idée d'une France préexistant à la France, l'image d'une patrie virtuelle antérieure à la patrie réelle. En d'autres termes, c'est en tant que reconstructeurs plus encore qu'en tant que bâtisseurs, en tant que rassembleurs plus qu'en tant qu'assembleurs que tendent à apparaître les grands artisans de la nation française. «Mais quoi, interroge Michelet, évoquant la fin des temps carolingiens, cette grande et noble unité de la Patrie, dont le gouvernement romain et francique nous ont du moins donné l'image, n'y a-t-il pas d'espoir qu'elle revienne un jour? Avons-nous décidément péri comme nation? N'y a-t-il pas au milieu de la France quelque force centralisante qui permette de croire que tous les membres se rapprocheront et formeront de nouveau un corps?» De même, dans son manuel, Lavisse évoque-t-il Jeanne d'Arc parlant à Charles VII de Saint Louis et de Charlemagne: «Cette fille du peuple, commente-t-il, savait que la France existait depuis longtemps et que son passé était plein de grands souvenirs.» De même encore Albert Malet, pour les élèves des classes secondaires, présente-t-il ainsi l'action des premiers Capétiens: «A leur avènement la France était morcelée en États indépendants qui avaient chacun leur gouvernement. Les rois ont refait l'unité politique de la France en occupant un à un la plupart des grands fiefs [77].»

La rémanence terminologique est d'autant plus curieuse que l'indécision reste constante, chez les uns comme chez les autres, concernant la date supposée de la naissance réelle de la nation française. Il ne s'agit pas moins, pour les derniers Carolingiens, de ne pas «laisser» la France périr, pour les rois Capétiens de «refaire» l'unité politique du pays. L'objectif permanent assigné, depuis le fond des âges historiques, aux artisans de l'unité française consiste, en somme, à faire occuper par une France potentiellement existante la place exacte qui lui était d'avance attribuée sur la carte du monde... L'image de l'hexagone, nous apprend l'historien américain Eugen Weber, paraît bien ne s'être imposée

157

qu'assez tardivement, à la fin du XIXᵉ siècle seulement, en concurrence d'ailleurs avec celle de l'octogone[78]. Sur le plan de l'imaginaire symbolique, elle demeure cependant exemplaire. A travers elle l'affirmation de l'unité française s'élève jusqu'à la nécessité et l'intemporalité de la figuration géométrique. Ce qu'elle traduit et impose, c'est d'abord la notion d'équilibre : équilibre entre les droites équidistantes qui la délimitent, et que viennent encore renforcer, à l'intérieur de l'espace circonscrit, l'ordonnance du réseau hydrographique, l'exacte répartition des zones de relief et des zones de plaine, l'harmonie établie entre l'étendue des frontières terrestres et celle des frontières maritimes. Ce qu'elle exprime aussi, c'est ce que l'on pourrait appeler la permanence du principe de clôture : enfermés, resserrés dans un ensemble strictement défini, à l'intérieur d'un tracé parfaitement cohérent, comment les Français pourraient-ils échapper à l'inflexibilité d'une loi de caractère non accidentel et qui les oblige à se reconnaître membres solidaires d'une même communauté ?...

C'est en fonction d'ailleurs du critère d'unité, ou plus précisément de participation à une même œuvre d'unification, que se trouve construite la figuration légendaire de nos souverains, de leurs ministres et de nos hommes d'État. L'histoire de France tout entière tend ainsi à se présenter sous la forme d'une lutte sans cesse entretenue entre deux faisceaux de forces contradictoires : les forces bénéfiques d'une part qui sont celles de la convergence, du rassemblement, de la cohésion ; les forces maléfiques d'autre part, celles de la dispersion, de l'éclatement, de la dissociation. D'un côté, ce qui relève de la loi commune et de la souveraineté de l'État, tout ce qui est réducteur des contraires, intégrateur, assimilateur. De l'autre, les féodalités, les particularismes locaux, les rivalités d'intérêts, les antagonismes religieux. Rien de plus significatif à cet égard que le double éclairage, successivement positif et négatif, sous lequel est présentée, dans le manuel d'Albert Malet comme dans celui d'Ernest Lavisse, l'œuvre de la Monarchie. Des premiers Capétiens au jeune Louis XIV, il y a les souverains qu'il convient d'admirer : ceux qui « ont fait la France », les rassembleurs de terres, les patients édificateurs de l'autorité de l'État, les défenseurs, face au péril extérieur, de l'intégrité nationale, les pacificateurs de nos guerres civiles. Mais il y a, d'autre part, l'Ancien Régime, c'est-à-dire l'état de la France à la veille de la Révolution — état que caractérisent essentiellement, autant et sinon plus que l'injustice des conditions sociales, le désordre institutionnel, la diversité persistante des coutumes et des usages, l'irrationalité de l'organisation administrative.

> L'organisation administrative [décrit Albert Malet] était la plus confuse que l'on pût imaginer, et la France n'était pas unifiée [...]. L'organisation provinciale était fort compliquée. Tandis qu'il n'existe aujourd'hui qu'une division administrative, la division en départements, il y avait en 1789 une double division, d'abord en gouvernements, puis en généralités [...]. Ces douanes intérieures, ces différences de législation, cette diversité des régimes d'impôts, les variétés des systèmes de poids et mesures étaient des restes du Moyen Age, une survivance des temps féodaux..., en sorte que sur bien des points la France de la Monarchie était pareille à une Europe miniature : les provinces y formaient autant d'États distincts [...]. Chez beaucoup de ces peuples l'esprit particulariste demeurait très puissant. Fortement attachés à leurs coutumes et à leurs privilèges locaux, beaucoup tenaient à conserver leur autonomie, à former un petit État dans le grand.

Il va de soi que c'est à la Révolution française, célébrée non comme une rupture mais comme une apothéose, qu'appartiendra la gloire d'achever l'œuvre commencée par nos premiers rois, mais laissée scandaleusement inachevée par leurs derniers successeurs. A l'exemple de certaines mises en scène imaginées par les organisateurs des fêtes révolutionnaires, le trône s'effondre, les attributs de la royauté s'évanouissent pour laisser apparaître le visage définitif de la France — la France assimilée à la Liberté, ayant enfin conquis après un long cheminement à travers l'histoire la plénitude d'elle-même. Après avoir été l'artisan de l'unité française, la Monarchie était en somme devenue l'ultime obstacle à sa conclusion. Au nom même des principes qui avaient assuré sa légitimité historique, elle devait disparaître. «En trois ans, écrit Albert Malet, la République avait plus fait pour la Patrie que François Ier, Henri IV, Louis XIII et Louis XIV.» Loin de briser la continuité avec le passé, la Révolution a donc eu pour fonction de l'assurer et de la consacrer. Dans l'ordre des siècles, mis à part quelques malencontreux incidents de parcours, elle ne saurait être considérée comme une déchirure. Elle est au contraire symbole de rassemblement, de fusion, d'enthousiasme collectif. De tous les grands événements qui en ont marqué le cours, c'est la Fête de la Fédération, le serment sur le Champ de Mars du 14 juillet 1790, qui en exprime la signification la plus profonde. «Les Fédérés, écrit encore Albert Malet, étaient venus de tous les pays de France. Mais ils oubliaient qu'ils étaient bretons, normands ou gascons. Ils se sentaient français avant tout, et fiers de l'être parce qu'ils étaient des hommes libres.»

Se révèlent ainsi, à travers la pédagogie historique de la Troisième République, cohérents, structurés et organisés, tous les éléments constitutifs d'un véritable récit mythique, répondant comme il se doit à une double finalité, explicative et mobilisatrice à la fois. Le fait que l'exigence unitaire constitue l'axe même du récit, le noyau central autour duquel il s'articule explique le caractère obligatoirement univoque, pour ne pas dire manichéen du discours. Il ne saurait être question, de la part du narrateur, de faire preuve d'une quelconque neutralité, de justifier lorsqu'elles se présentent les positions adverses, de mentionner les raisons susceptibles d'être de part et d'autre invoquées. A la différence de l'enseignement britannique, le *Petit Lavisse,* note Pierre Nora dans l'excellente étude qu'il lui a consacrée, « ne donne jamais raison à deux partis à la fois ». La vérité historique se confond en fait avec un impératif d'ordre moral...

Mais c'est en fonction de la même logique unitaire que s'explique également la part privilégiée réservée dans les mêmes textes aux thèmes de la défense, de la protection, de la sécurité. Du château fort médiéval aux travaux de Vauban, on ne peut manquer d'être frappé, dans l'illustration iconographique qui constitue la nouveauté pédagogique des manuels de la République, par l'importance accordée au rempart, au fossé, à la fortification. La référence à la notion de frontière — la frontière à établir, à assurer, à protéger — ne cesse d'autre part de revenir avec une fréquence assez exceptionnelle. Rigoureusement délimité par des barrières naturelles sur cinq côtés de son hexagone, l'espace français demeure en revanche librement ouvert vers le Nord-Est. D'où la place tenue par le Rhin dans le légendaire héroïque de notre histoire. D'où encore l'insistance avec laquelle l'attention se trouve attirée sur ces deux événements décisifs, ces deux actes célébrés comme authentiquement fondateurs que sont et le traité et la bataille — sur ces deux personnages aussi, explicitement désignés comme les héros clés du passé national, le négociateur et le soldat. Champ clos, solidement ramassé sur lui-même, qu'il a fallu d'abord rassembler et dont il faut maintenant assurer la garde, la notion de patrie française tend ainsi à se confondre avec la figure archétypique du domaine patrimonial. Héritée de la Première Guerre mondiale et imposée par elle, l'image de la tranchée mériterait à cet égard une attention particulière. Il s'agit, bien sûr, d'une réalité de fait liée aux vicissitudes particulières d'un certain type de combat. Il resterait pourtant à se demander si, rempart défensif étendu de la mer du Nord aux Vosges, ligne d'arrêt, de résistance et de bornage, ce n'est pas également par tout ce qui la relie à un très ancien système de références, de symboles et de représentations que le souvenir en est demeuré si profondément inscrit dans la mémoire collective.

Quoi qu'il en soit, dans tout ce qu'elle montre ainsi de constant, d'insistant et de répétitif, cette exaltation du thème unitaire a, de toute évidence, valeur d'exorcisme. Il s'agit d'assurer à jamais la victoire des forces centrifuges sur les facteurs contraires d'éclatement ou de divergence — de prévenir et de refouler les menaces toujours présentes de rupture et de déchirement. A l'inverse de ce que tente parfois de suggérer une certaine historiographie contemporaine, le danger ne semble nullement venir en l'occurrence d'une quelconque velléité de réveil de la part des séparatismes régionaux. La quasi-indifférence de nos auteurs à cet égard laisse supposer au contraire que, sur ce plan du moins, la victoire du principe de l'unité nationale semble tenue pour définitivement acquise. Pour tout ce qui relève de l'ordre le plus général du politique ou du religieux, ce sont bien en revanche, directement ou par références interposées (les Armagnacs et les Bourguignons, la Ligue, la Fronde, la Commune) de très pressantes mises en garde dont il faut bien recueillir les échos. Nul doute, en fait, que l'observateur, pour peu qu'il soit un peu attentif, ne soit en droit de retrouver, au-delà de tant de ferveur à célébrer la vertu de l'union, de tant d'ardeur à stimuler l'adhésion collective autour d'un système commun de valeurs et de souvenirs, tout cet arrière-plan d'inquiétude qui fut celui de l'histoire de la Troisième République dans ses premières décennies, l'incertitude institutionnelle longtemps persistante, la violence des affrontements idéologiques, la profondeur du débat religieux...

Là n'est pas cependant le plus important. Mais bien davantage sans doute dans cet élan mystique qui semble ne jamais cesser d'accompagner la célébration unitaire, dans ce frémissement de nature authentiquement religieuse qui paraît immanquablement devoir en marquer l'expression. Dans *le Peuple* déjà, l'on voit Michelet confondre très explicitement l'émotion dans l'union de la Patrie rassemblée avec l'exaltation d'une rencontre au cœur même de l'Amour divin, l'expression de l'unanimité nationale avec la communion mystique des esprits et des âmes. S'absorber, se perdre dans « la sainte unité fraternelle de la nation », c'est pour lui retrouver la seule vraie paix, celle que l'on éprouve à « se sentir harmonique au monde ». L'amour de la Patrie se confondant avec l'amour universel, première introduction à l'amour de Dieu, tel fut par ailleurs le thème principal de l'un de ses cours, professé au Collège de France en 1844 : « Enfant, que ce soit là ton premier évangile, le soutien de ta vie, l'aliment de ton cœur... » Avec une tonalité légèrement atténuée, c'est sur une même profession de foi que s'ouvre le *Manuel d'instruction civique* publié par Lavisse en 1894, sous le pseudonyme de Pierre Laloi : « Petit Français, mon jeune ami, mon frère, mon cadet, écoute-moi : je viens te parler de ce qu'il y a au monde de plus grand, de plus sacré, de la Patrie. »

Tout naturellement d'ailleurs ce sont les termes mêmes du vieux vocabulaire chrétien, les symboles de l'antique liturgie, les mots de dogme, de sainteté, de rédemption, de relique ou de sacrifice, qui vont se trouver utilisés, à tous les niveaux de son enseignement, par la pédagogie patriotique de la France républicaine.

« C'est Dieu lui-même, écrit encore Michelet, qui se révèle dans la patrie vivante, dans son histoire héroïque, dans le sentiment de la France. » Difficile en vérité, devant de tels accents, de douter de la réalité, concernant certaines valeurs du sacré, d'un très puissant phénomène de transfert — transfert du plan du surnaturel au plan du temporel, du plan de l'absolu métaphysique, à celui des Cités et des Patries humaines. Encore une fois, autour et à propos du thème de l'Unité, c'est sur la mystique que l'on voit déboucher la politique ou, si l'on préfère, c'est la mystique que l'on voit envahir la politique. L'observation ne peut bien évidemment manquer de conduire la réflexion vers de nouvelles interrogations.

UN SIÈCLE QUI VEUT CROIRE

Dans cette longue quête autour du thème de l'Unité, nous n'avons guère suivi que deux itinéraires parmi beaucoup d'autres qui se proposaient à nous. C'est, d'autre part, dans un cercle relativement restreint d'ouvrages et d'auteurs que nous avons choisi nos citations et nos références. Si limité que puisse paraître ce *corpus,* il permet cependant, semble-t-il, d'approcher, de cerner, à tout le moins d'apercevoir, un certain nombre de problèmes dont l'énoncé dépasse sensiblement les seules nécessités de la recension thématique, les seules règles de l'inventaire analytique. Il va de soi en effet que l'affirmation, à un moment bien déterminé de l'histoire des idées et des mentalités, d'un ensemble mythologique doté d'une telle cohérence et d'une telle intensité échapperait à la loi commune si elle ne devait être considérée que comme un simple accident du hasard. Ne pas voir en elle, transcrite sur le plan de l'imaginaire, une réponse à un certain nombre d'interrogations, d'incertitudes ou d'angoisses, elles-mêmes liées à l'état présent d'une société, serait l'amputer d'une part décisive de sa signification. Dans ce qu'il ne peut manquer d'avoir de révélateur, sans doute le message mythique apparaît-il ici comme singulièrement malaisé à décrypter. La tentative risque pourtant de ne pas être vaine si elle conduit à faire resurgir de l'ombre, où l'habitude avait été prise de les laisser, quelques-unes des déchirures les plus sensibles de l'histoire morale de tout un siècle.

Première constatation et première mise en cause plus ou moins explicitement formulées : le hiatus, de plus en plus profond, établi depuis l'avènement des Lumières, entre ce qui relève de l'ordre de la connaissance scientifique et ce qui relève du domaine des aspirations de la foi. Déjà Joseph de Maistre, déplorant que « l'affinité naturelle » de la religion et de la science se trouve désormais niée ou méconnue, avait dit son espoir de les retrouver un jour réunies « dans la tête d'un seul homme de génie ». Mais la même préoccupation se rencontre chez tous ceux que hante, dans le courant du siècle, la notion d'une « synthèse » à reconstituer, d'un équilibre intellectuel et moral à rétablir. A travers l'admiration nostalgique que Saint-Simon comme Auguste Comte portent au Moyen Age, c'est elle notamment qui s'exprime sans équivoque. La grandeur des temps médiévaux, expliquent-ils l'un et l'autre (ou plutôt l'un à la suite de l'autre), a très largement résidé dans le fait que le clerc et le savant se confondaient alors dans une même personne, que la foi et le savoir se présentaient à l'esprit en un bloc indissociable. Le clergé, ayant abandonné « le sceptre de la science », a perdu sa considération, s'est avili, dépouillé de ce qui faisait la réalité de son prestige. Inversement l'homme de science, ayant renoncé à parler aux âmes, ne peut plus prétendre au rôle de guide que la société contemporaine attend secrètement de lui. « Le clergé romain, écrit par exemple Saint-Simon dès 1813 [79], a été orthodoxe jusqu'à l'avènement de Léon X au trône papal, parce que jusqu'à cette époque il a été supérieur aux laïques dans toutes les sciences dont les progrès ont contribué à l'accroissement du bien-être de la classe la plus pauvre. » Depuis lors, affirme toujours Saint-Simon, il doit être considéré comme « hérétique » : il n'a plus cultivé en effet que la théologie ; il s'est laissé « surpasser dans les beaux-arts, dans les sciences exactes et sous le rapport de la capacité industrielle »...

D'où cette attente d'un monde nouveau où, comme l'annonce Enfantin, « les sciences physiques vont entrer dans le dogme, où les beaux-arts ne seront plus des plaisirs profanes, mais l'expression d'une morale divine [80] ». Le temps viendra, prophétise Saint-Simon, où le Sacré-Collège sera réorganisé comme le sera l'Institut. « Alors tous les savants seront membres du clergé et toute personne qui se présentera à l'ordination ne sera faite prêtre qu'après avoir subi un examen qui constatera qu'elle est au courant des connaissances acquises sur la physique des corps bruts et sur celle des corps organisés. » Vision quasi messianique que reprendra Auguste Comte, qu'il précisera et que continuera à entretenir (non d'ailleurs sans l'infléchir ou l'altérer, parfois profondément) la postérité positiviste... Reste que cet appel à la reconstitution d'une nouvelle forme de consubstantialité entre la foi et le savoir, que cette condamnation jumelée d'une science en voie de totale laïcisation et d'une fidélité religieuse apparemment de plus en plus étrangère à l'évolution de la pensée scientifique prennent, pour peu que l'on accepte de les replacer dans l'histoire culturelle du siècle, une signification d'une particulière importance. Il est en fait permis d'y voir l'expression d'un double témoignage. Le témoignage d'abord d'un puissant mouvement d'appréhension à l'égard de l'inévitable affrontement de deux systèmes de valeurs définis comme inconciliables, bientôt incarnés dans deux Églises, celle des savants et celle des prêtres, se réclamant l'une et l'autre d'un même absolu d'infaillibilité. Mais le témoignage aussi d'une réaction de refus devant un ordre de civilisation accusé de remettre en cause le principe de l'indivisibilité du « modèle humain », de ne plus pouvoir le satisfaire dans la totalité de ses aspirations et de ses besoins — de menacer en d'autres termes, ceux-là mêmes qu'uti-

lise Auguste Comte, « l'indivisibilité de notre véritable unité qui
ne saurait lier nos pensées sans embrasser nos sentiments, autant et
même plus que nos actes »...

Rupture donc entre la foi et la connaissance, opposition du
croyant et de l'homme de science. A ce qui est présenté comme un
très profond ébranlement de la conscience moderne, un autre
constat — non moins douloureux — vient pourtant s'ajouter : une
sociabilité en voie d'éclatement, l'érosion des vieilles solidarités,
la déchéance des anciennes formes de la vie communautaire. Et il
ne s'agit pas seulement ici du fossé sans cesse élargi entre les
divers groupes sociaux, la clôture de chacun d'entre eux sur lui-
même, ses intérêts, ses préjugés, ses modes de vie et de pensée. Il
s'agit également des modifications décisives qui, venant bouleverser les formes traditionnelles du travail humain, conduisent l'individu vers une spécialisation de plus en plus rigoureuse, c'est-à-dire
vers l'amenuisement de l'espace social dont il dispose, c'est-à-dire
aussi vers un asservissement toujours plus lourd aux seuls gestes de
son métier. Les liens qui, hors du travail et à l'intérieur même du
travail, l'unissaient aux autres se détendent ou se rompent. Dès le
milieu du siècle dernier, précédant de façon assez surprenante les
analyses de Durkheim et de son école, beaucoup annoncent l'avènement d'une nouvelle civilisation technicienne : le travailleur des
Temps modernes n'y apparaît plus que comme « un rouage isolé ».
Réduit à la seule spécificité de sa tâche quotidienne, aux seules
limites de « son établi et de son atelier », il se trouve condamné à ne
plus connaître d'autres formes de solidarité que celles, de plus en
plus étroites, qui continuent à l'unir au petit nombre de ceux qui
partagent sa condition matérielle.

> Dans cette complexité [écrit par exemple Michelet] d'un monde
> immense qui s'est formé autour de nous, si l'ensemble est tant
> agrandi, en revanche l'individu n'est presque partout qu'une pièce
> de l'harmonie générale ; voué à telle spécialité, il s'y fortifie aux
> dépens de son caractère général d'homme. Est-il homme ? Non, il
> est tailleur, il est peintre, il est musicien, il est scribe comme je suis
> [...]. La spécialité vous a saisi d'une main de fer, mutilé des

branches diverses qui lui étaient superflues, fixé devant votre établi, assis pour ne plus vous relever [81].

« Des fêtes, donnez-nous des fêtes, supplie encore une fois Michelet. Donnez du vrai pain à ce peuple, le pain moral qui le soutiendra, qui relèvera son cœur. » Le thème est immuable : c'est par la fête, en effet — la fête retrouvée et magnifiée — que, dans un même élan et dans une même ferveur, les hommes du temps présent restaureront les conditions de leur union fraternelle. Sauvé de l'isolement par la grâce de l'effusion collective, l'individu se verra réintégré dans la grande aventure humaine, reconquerra en d'autres termes son plein poids d'humanité. Mais — l'exaltation lyrique en moins — il n'est pas sans signification de retrouver chez Auguste Comte, et à peu près à la même époque, le même type d'analyse, la même forme de remise en cause. Pour lui aussi les nouvelles conditions de travail imposées aux hommes du temps présent risquent de conduire à la dissolution de l'ensemble du corps social en même temps qu'à l'effondrement, chez ceux qui le composent, de toutes les valeurs de solidarité comme de tous les principes de discipline collective.

> Si la division du travail [explique Comte], considérée sous un premier apport, est la cause générale du perfectionnement humain et du développement de l'état social, elle présente sous un autre, non moins naturel, une tendance continue à la détérioration, à la dissolution qui finirait par arrêter tout progrès si elle n'était incessamment combattue par une action toujours croissante du gouvernement, et surtout de gouvernement spirituel. Il résulte en effet nécessairement de cette spécialisation constamment progressive que chaque individu et chaque peuple se trouve habituellement à un point de vue de plus en plus borné, et animé d'intérêts de plus en plus particuliers [...]. Par là chacun, homme ou peuple, devient de plus en plus impropre à saisir, par ses propres facultés, la relation de son action avec l'ensemble de l'action sociale qui, en même temps se complique toujours davantage ; et, d'un autre côté, il se sent de plus en plus porté à isoler sa cause particulière de la cause commune qui, précisément est de jour en jour moins perceptible [...]. De là la nécessité absolue d'une action continue, l'une morale, l'autre physique, ayant pour destination spéciale de replacer

167

constamment au point de vue général les esprits toujours disposés par eux-mêmes à la divergence et de faire entrer dans la ligne de l'intérêt commun des activités qui ne cessent de s'en écarter[82]...

Ainsi le thème de l'Unité se trouve-t-il développé, chez les plus fervents de ses interprètes, avec d'autant plus de foi qu'il s'enracine dans la conviction qui est la leur de vivre, péniblement, douloureusement, ce que nous appellerions aujourd'hui le drame d'une crise de civilisation. Tel est bien le sens en effet de ce terme d'époque «critique», opposé à celui d'époque «organique», mis en circulation bien avant Auguste Comte par le vocabulaire de l'école saint-simonienne. «Le fait fondamental par lequel se distingue une époque organique, écrit Buchez, c'est l'unité partout, en tout et pour tout.» L'état «critique» en revanche est celui où, selon la définition même de l'*Exposition de la doctrine de Saint-Simon,* «toute communion de pensée, toute action d'ensemble, toute coordination a cessé et où la société ne présente plus qu'une agglomération d'individus isolés et luttant les uns contre les autres». Or, nous venons de le voir : sur le plan intellectuel et moral, un conflit apparemment irréductible ne cesse d'opposer, selon une formule assez admirable, «les défenseurs de la civilisation, comme se nomment les libéraux, qui ne croient pas en Dieu et les défenseurs de Dieu qui ne veulent pas s'associer au progrès de la civilisation[83]». Sur le plan économique, les lois du marché laissent se déchaîner, sans contrôle ni règle, les effets les moins aptes à satisfaire l'intérêt commun tandis que, du point de vue de la justice sociale, les fruits de leur travail semblent de plus en plus échapper aux catégories les plus laborieuses. Dernier exemple enfin de cet état «critique» qui paraît caractériser la société de l'Occident moderne — exemple sur lequel la plupart des théoriciens de la mystique unitaire reviennent d'ailleurs avec une singulière insistance : la situation faite à la Femme; les tragiques problèmes que posent, pour elle et dans notre temps, les conditions de son insertion dans l'organisation collective.

«Il n'est personne, déclare à ce sujet Michelet en 1859, qui ne voie le fait capital de notre temps. Par un concours singulier de circonstances sociales, religieuses, économiques, l'homme *vit séparé de la femme* [...]. Le pis, c'est qu'ils ne semblent pas pressés de se rapprocher. Il semble qu'ils n'aient rien à se dire. Le foyer est froid, la table muette et le lit glacé [84]. » La cause première de ce schisme fondamental résulte, selon Michelet, du fait que les hommes se sont avancés d'un pas plus rapide dans la voie du progrès : demeurées sous la coupe de l'Église, « les filles, affirme-t-il, sont élevées à haïr ce que tout Français aime et croit ». (Il faut lire, bien évidemment, tout Français selon le cœur de Michelet, c'est-à-dire croyant et militant de la foi démocratique.) Mais une autre cause, et sans doute la plus importante, doit être recherchée dans ce qui apparaît à beaucoup comme un disfonctionnement de l'institution du mariage, plus précisément une inadaptation de l'institution telle qu'elle est pratiquée avec l'évolution présente des consciences et de la sensibilité. « C'est, je dirais presque, écrit Michelet, le viol par contrat. » La formule n'est guère différente de celle qu'avait, une trentaine d'années auparavant, utilisée Fourier, définissant le mariage dans sa forme actuelle comme n'étant le plus souvent que « prostitution gazée, stupre, viol manifeste [85] ». Guère différente non plus, dans sa signification essentielle, des très abondants propos développés à ce sujet par les représentants de l'école saint-simonienne. « Quelle cérémonie touchante, ironise l'un d'entre eux, que celle d'un mariage, consacré par une loi décriée avec ses textes ridiculement surannés, et par une religion qui a cessé d'être crue, entre deux époux qui ne croient même pas à leur amour et que rassemblent de froides convenances ou un sordide intérêt. » En fin de compte et au regard des uns comme des autres, concernant ce que George Sand appelait de son côté « le rapport mal établi entre les sexes du fait de la société même », deux faits majeurs semblent pouvoir être définis comme caractéristiques des mœurs du siècle : le développement de la prostitution, d'une part ; l'invitation tacite, d'autre part, à la pratique généralisée de l'adultère.

De toute évidence la constatation va directement à l'encontre de toute une vision légendifiée de l'époque, vision que continue à marquer le grand souvenir littéraire des chants et des élans de la passion romantique. Les historiens des faits sociaux ne peuvent manquer, d'autre part, de la nuancer de façon plus ou moins sensible. Il ne reste pas moins que c'est par rapport à ce constat, en fonction même de ce qu'ils décrivent et de ce qu'ils dénoncent, que les doctrinaires de la mystique unitaire tendent à reconstruire *a contrario* les grands mythes du Couple humain sacralisé, de l'union de l'Homme et de la Femme érigée en « divin symbole » de la rencontre de la force et de la beauté, de « la pénétration réciproque des âmes »... Sans doute, de Michelet à Fourier, par exemple, les attitudes, les points de vue, les modèles proposés divergent-ils sensiblement. Pour le premier notamment, dans son plaidoyer en faveur de l'unité reconquise du couple, de la dignité de l'épouse retrouvée et consacrée dans le mariage, la peur persistante de la féminité, l'obsession de ses mystères physiologiques ne le conduisent guère, malgré toute la ferveur de l'expression lyrique, au-delà des limites d'un moralisme de contenu somme toute assez traditionnel. Pour Charles Fourier en revanche, c'est, au nom des grandes lois de l'harmonie universelle, de la nécessaire complémentarité des passions, des désirs et des besoins, qu'il se fait le prophète d'une grande œuvre de totale libération sexuelle : l'objectif n'est rien d'autre que d'établir un « monde pleinement véridique en amour », d'où seront définitivement chassés, avec les contraintes et les « fausses pudeurs », ces mensonges, ces travestissements et ces masques qui interdisent aux hommes et aux femmes de se retrouver librement dans le bonheur d'une même communion [86]. Quant aux deux églises sœurs du saint-simonisme et du positivisme comtien, on sait le rôle décisif qu'elles attribuent l'une et l'autre à l'avènement de la Femme Messie, à la fois Sœur, Épouse et Mère. C'est elle qui arrachera le sexe féminin « à l'emprise de la force et de l'or ». (« Filles d'Ève, s'écrie Enfantin, l'homme n'est plus pour vous un maître. ») C'est elle également, Prêtresse souveraine associée au Pontife roi, qui partagera la mission de conduire l'humanité dans la voie du Progrès et de l'Amour — le couple sacerdotal incarnant ainsi l'image même de « l'individu social complet », celui chez lequel se rencontrent et s'équilibrent les dons de l'intelligence, de la volonté et de la sensibilité, « actif et concevant d'un côté » selon la terminologie saint-simonienne, « affectif et réalisant » de l'autre...

De la condamnation du mariage bourgeois à la vision rédemptrice du Couple prêtre, guide spirituel d'une humanité rénovée, la démarche prend en l'occurrence la valeur d'un témoignage singulièrement révélateur. Au départ une analyse critique d'un certain état de la société, la constatation de ses désordres et de ses contradictions, de l'oubli de la notion de bien commun au seul profit de la libération des égoïsmes individuels. A l'arrivée une église reconstituée, une foi proclamée, un système cohérent de croyances, de rites et de symboles. La quête de l'unité ne se réduit plus à la simple recherche d'une nouvelle morale collective ; elle relève désormais du domaine du sacré. Il ne s'agit plus seulement d'une invitation à la reconstitution de l'intégralité de la personne humaine, à la reconquête par chacun d'entre nous de la cohérence de son destin. Plus seulement de la nécessité de reconstituer la trame déchirée des vieilles solidarités sociales. A travers l'effusion collective c'est le « principe divin » lui-même qu'il s'agit de retrouver, l'« unité dynamique » entre l'Homme, Dieu et l'univers qu'il s'agit de rétablir... « Princes, s'écrit Saint-Simon, écoutez la voix de Dieu qui parle par ma bouche. » Notre entreprise, précise l'un de ses disciples, est de « même nature que la fondation du christianisme ». Et c'est aussi Fourier qui voit dans l'avènement d'un « nouveau monde » amoureux le moyen le plus sûr de réaliser « la communication la plus intime avec Dieu ». « Fournir le germe d'une religion d'identification avec Dieu bien différente des religions civilisées qui sont cultes d'espérance en Dieu », c'est à cette finalité mystique que, selon lui, ne pourront manquer de conduire l'harmonie rétablie, la liberté retrouvée des désirs, des pulsions et des passions.

Sans doute faut-il relever les derniers mots de la formule de Fourier : la religion dont il annonce et souhaite l'avènement est une religion « d'identification » avec Dieu, non « d'espérance en Dieu ». Les mêmes termes pourraient être utilisés à propos de la quasi-totalité des grandes constructions messianiques du siècle dernier. Religions, c'est bien ainsi qu'elles-mêmes tendent à se définir. Mais il faudrait préciser religions du progrès, du bonheur terrestre, insouciantes de l'au-delà, totalement indifférentes à la notion de salut. Le Dieu qu'elles invoquent n'a pas à répondre de l'espérance de la vie éternelle. C'est au niveau de l'histoire des hommes, avec le triomphe de ces multiples entités que désignent les mots de Progrès, de Service, d'Harmonie, de Patrie, de République ou de Révolution, qu'est attendu l'avènement de son règne... N'existe-t-il pas cependant d'autres religions que celles du salut? Certaines espérances, certaines fidélités temporelles ne sont-elles pas susceptibles de se charger de tout un surcroît de sublimation mystique? Les symboles dans lesquels elles s'incarnent, les rituels qu'elles tendent à mettre en place ne relèvent-ils pas du domaine du sacré? Les entrecroisements enfin ne sont-ils pas nombreux dans l'histoire de nos sociétés modernes, entre les expressions de la foi traditionnelle et les affirmations de divers messianismes politiques, du culte de sainte Jeanne à celui de la Patrie, du communautarisme de certaines dissidences chrétiennes à la naissance des premiers groupes socialistes?

Le développement de la mythologie de l'Unité à travers tout le cours du XIXᵉ siècle ne constitue en fait qu'un indice supplémentaire, mais décisif, de ce phénomène capital — encore que si mal perçu — de l'histoire précontemporaine des mentalités européennes, et qui est celui du foisonnement de la religiosité. De ce phénomène il n'est pas de notre tâche de tenter de mesurer l'étonnante puissance de créativité — pas plus d'ailleurs que de la suivre dans la diversité de ses expressions, la multiplicité de ses émergences, de ses dérives et de ses métamorphoses. Il ne nous appartient pas davantage de nous interroger sur la nature et la profondeur des grandes mutations sociologiques auxquelles il n'a pu manquer de se trouver structurellement imbriqué. Une certitude demeure pourtant, hors de laquelle il n'est selon nous aucune chance de comprendre, dans sa vérité essentielle, ce temps qui a précédé le nôtre, mais dont l'héritage pèse encore si lourd dans notre destin :

son incoercible volonté de croire. En ce qui concerne même le catholicisme traditionnel, s'il faut sans doute tenir compte d'une certaine rétraction de son enracinement social, on ne saurait d'autre part oublier la ferveur intensifiée de ceux qui lui restent fidèles, l'apparition de nouvelles formes de piété, la multiplication des nouvelles formes de dévotion. Et combien d'apparitions miraculeuses, de nouveaux ordres fondés, de nouveaux lieux de culte édifiés... Mais que d'appels surtout, en dehors des églises établies, à la Divinité, que d'invocations au Sacré, que de Temples dont on entend poser les fondations. « Que l'homme dès l'enfance, s'écrie encore Michelet, s'habitue à reconnaître un Dieu vivant dans la Patrie. » « Nous venons proclamer, prophétisent les premiers saint-simoniens, que l'humanité a un avenir religieux, que la religion de l'avenir sera plus grande, plus puissante que celle du passé [...]; que, non seulement elle dominera l'ordre politique, mais que l'ordre politique sera dans son ensemble une institution religieuse. » A quoi bon multiplier ce type de citations ? « Qu'est-ce qui n'est pas sacerdoce aujourd'hui », ricanait Baudelaire. Plus prophétique que paradoxale, telle apparaît bien en fin de compte cette phrase d'Auguste Comte, écrite en un temps où beaucoup n'ont cru voir que l'avènement du rationalisme triomphant : « L'homme devient de plus en plus religieux... »

Le paradoxe a seulement voulu que cette quête, cette ferveur si puissamment et si généralement partagées aient abouti à la prolifération contradictoire des dogmes, des credo et des Églises. Le rêve unitaire s'est en quelque sorte retourné contre lui-même. D'où peut-être l'intensité de sa poursuite, l'insistance si souvent pathétique de ses appels.

Vers un essai
d'interprétation

Il existe un vertige de l'imaginaire et qui n'épargne pas ceux-là mêmes qui ne prétendent qu'à son étude désintéressée. L'étendue, l'ampleur des horizons entrevus viennent assez dérisoirement souligner l'étroitesse du chemin parcouru. Rien de tel en fin de compte que le spectacle du rêve pour développer et stimuler la spéculation intellectuelle. Pour celui qui voit s'élargir devant lui l'immensité foisonnante d'un monde à explorer, il est difficile de se refuser à certains appels, difficile aussi de renoncer à transgresser certaines limites. La réflexion peut-elle en l'occurrence se satisfaire du simple examen d'un répertoire de thèmes, d'images et de symboles ? Peut-elle renoncer à se prolonger au-delà des données de faits qu'elle s'est trouvée en mesure de rassembler ? Ces données elles-mêmes ne risquent-elles pas de ne trouver leur signification véritable que dans le cadre d'une lecture globale, à tout le moins dans les perspectives d'une problématique de caractère suffisamment général ?

Nous écarterons pour notre part la plus immédiatement tentante de ces démarches interprétatives, la plus exaltante pourtant et apparemment la plus prometteuse : l'établissement d'un étroit système de filiations, d'assimilations, d'équivalences ou de références entre les manifestations essentielles de l'imaginaire politique de notre temps et les formulations, appréhendées dans la plus longue de leur durée, des grandes constructions mythologiques de l'histoire humaine. Faut-il considérer, par exemple, l'ensemble du complexe mythique auquel se trouve consacré cet essai comme relevant d'un fond religieux commun à toutes les sociétés indo-européennes et dont il ne constituerait que l'une des expressions historiques ? Il est vrai que la conception trinitaire de l'ordre divin présidant au destin des cités humaines, le prêtre, le guerrier, le laboureur — conception considérée comme l'une des caractéristiques essentielles de l'univers mental de ces sociétés —, peut se retrouver sans trop de peine parmi quelques-unes des ombres mystérieuses qui continuent à entourer l'image du pouvoir... Devra-t-on, au contraire, insister sur l'héritage culturel judéo-chrétien et sur la marque décisive dont il a frappé, au plus profond de ses rêves, de ses espoirs, de ses angoisses et de ses refus, toute une aire de civilisation ? Il est vrai aussi qu'il est difficile de tracer une ligne de démarcation relativement précise entre l'attente messianique propre aux vieilles religions de salut et les grands élans des millénarismes révolutionnaires au cours des deux derniers siècles. Vrai encore qu'une certaine obsession de l'Impureté à combattre, du Mal à exorciser ou de la Rédemption à assurer reste sous-jacente à l'arrière-plan de toutes les Terreurs institutionnalisées des totalitarismes modernes...

L'indiscutable légitimité de ce type d'hypothèses ou de ce genre d'interrogations n'implique pas cependant la possibilité concrète de toujours leur apporter une réponse. Il ne s'agit rien de moins en effet que de maîtriser, ou de tenter de maîtriser, une matière historique étendue à travers plusieurs strates successives de civilisations, mal définie au demeurant, enfouie le plus souvent au plus obscur du non-dit collectif. Face à ce réseau singulièrement dense de fils enchevêtrés, l'appel à l'intuition apparaît en fin de compte comme le recours le plus fréquent. De celle-ci il est permis sans doute d'attendre, dans certains cas priviligiés, de brusques et puissants éclairs. Ces promesses virtuelles n'écartent pas toutefois un risque majeur et toujours présent — celui-là même auquel n'ont pas échappé, appliquées à l'esthétique et à la vie des formes, quelques-unes des tentatives les plus illustres relevant d'une même sorte d'ambition : le télescopage chaotique du temps et de l'espace, les rapprochements fallacieux, les assimilations contestables et les généralisations arbitraires [87]...

Aux trop vastes constructions spéculatives, pour celui qui n'en a pas le goût ou qui ne s'en reconnaît pas le talent, il n'est pas en fait interdit de substituer d'autres démarches, plus proches et apparemment plus sûres. Replacé dans des limites chronologiques plus immédiates et plus restreintes, appréhendé en quelque sorte dans la spécificité d'un certain « temps » de l'histoire, l'imaginaire politique ne se dérobe pas pour autant à tout essai de réflexion générale. Pour qui accepte de les réinsérer dans la trame d'une histoire globale de nos sociétés contemporaines, de s'interroger aussi bien sur les conditions de leur genèse et de leur développement que sur les fonctions qu'elles ont été appelées à remplir, les manifestations de cet imaginaire tendent même à prendre la valeur d'un véritable révélateur. Révélateur de quelques-unes des crises les plus profondes et les plus constantes propres à un certain type de culture et de civilisation. Révélateur aussi de certains des problèmes les plus aigus que l'évolution même de cette civilisation continue à poser aux hommes de notre temps. Comment notamment négliger le fait que les quatre grands systèmes de représentation mythique dont nous avons tenté d'esquisser les contours — et chacun d'entre eux se trouvant solidement structuré autour d'un noyau bien défini — viennent se rejoindre, se recouper et parfois se confondre autour d'un même thème, c'est-à-dire dans l'expression d'une même contestation ou d'une même angoisse, dans la formulation d'un même appel ou d'une même espérance ? Dénonciation de la solitude de l'homme moderne, nostalgie des vieilles solidarités disparues, vision d'une communauté à reconquérir des esprits et des cœurs, sous des formes et à des niveaux différents, de la quête doctrinale menée au nom du concept d'une Unité sacralisée aux phantasmes élémentaires nourris à l'ombre menaçante du Complot, la permanence d'un même ordre de préoccupations à l'arrière-plan des rêves de l'imaginaire collectif n'est certainement pas sans signification. Il paraît en tout cas difficile que l'observation puisse laisser indifférent tout essai de réflexion sur la naissance et le développement des formes présentes de la modernité.

« Il semble, notait il y a déjà bon nombre d'années le sociologue Roger Bastide, que la plupart des ethnologues soient actuellement d'accord pour considérer les mythes comme des réponses à des phénomènes de déséquilibres sociaux, à des tensions à l'intérieur des structures sociales, comme des écrans sur lesquels le groupe projette ses angoisses collectives, ses déséquilibres de l'être[88]. » En ce qui concerne l'imaginaire politique, l'observation — sans cesse confirmée et sans cesse illustrée — constitue sans doute le point de départ privilégié de tout essai général d'interprétation. C'est le long des lignes de plus forte tension sociale que se développent le mythe de l'Age d'or, celui de la Révolution rédemptrice ou celui du Complot maléfique. Il n'est aucun des systèmes mythologiques dont nous avons tenté de définir les structures qui ne se rattache très directement à des phénomènes de crise : accélération brutale du processus d'évolution historique, ruptures soudaines de l'environnement culturel ou social, désagrégation des mécanismes de solidarité et de complémentarité ordonnant la vie collective. Aucun qui ne se rapporte à des situations de vacuité, d'inquiétude, d'angoisse ou de contestation. De façon constante, l'analyse tend à nous ramener à la notion durkheimienne d'anomie ou plus généralement peut-être à la vieille distinction chère à l'école sociologique française du XIXe siècle entre « périodes critiques » et « périodes organiques » : c'est dans les « périodes critiques » que les mythes politiques s'affirment avec le plus de netteté, s'imposent avec le plus d'intensité, exercent avec le plus de violence leur puissance d'attraction.

Ce n'est pas en vain non plus s'ils semblent assez généralement trouver leur impulsion motrice à l'intérieur de groupes minoritaires, menacés ou opprimés — ou sur qui pèse en tout cas un sentiment de menace ou d'oppression. Ces groupes apparaissent le plus souvent dans une situation de porte-à-faux par rapport à la société globale, de distorsion par rapport au système en place ou en voie d'instauration. Que cette situation semble prioritairement relever de facteurs d'ordre économico-social (détérioration des conditions d'existence, réduction à l'état prolétarien, rejet hors des cadres sociaux traditionnels) ou de facteurs d'ordre culturel (refus de la modernité, effritement des croyances, contestation des valeurs communément admises), le problème ne présente en l'occurrence qu'une importance somme toute secondaire. L'essentiel est dans le fait que l'effervescence mythique commence à se développer à partir du moment où s'opère dans la conscience collective ce que l'on peut considérer comme un phénomène de non-identification. L'ordre établi apparaît soudain étranger, suspect ou hostile. Les modèles proposés de vie communautaire semblent se vider de toute signification, de toute légitimité. Le réseau des solidarités anciennes se défait. Les fidélités se transforment en mépris, les allégeances en dégoût. Le «nous» devient «eux»: c'est-à-dire que, au lieu de se reconnaître à travers les normes existantes de la société globale, le groupe concerné se retrouve et se définit comme différent en même temps qu'il prend douloureusement ou violemment conscience de sa neuve singularité [89].

Le drame sans doute est celui de l'aliénation. Mais c'est subjectivement — en tant que sentiment personnellement, intimement vécu —, bien plus que par les conditions considérées comme objectives de son développement, que doit se définir l'état d'aliénation. Le colonisé peut brusquement se révolter contre un ordre longtemps supporté sans qu'il y ait aggravation apparente du système qui lui est imposé, alors même que ce système se trouve en voie d'amélioration. Les historiens des sociétés négro-américaines du siècle dernier nous apprennent que c'est parmi les affranchis, libérés du joug de l'esclavage, que les suicides ont été les plus nombreux. Ce n'est généralement pas dans les milieux les plus durement touchés par les misères de la condition prolétarienne que sont nées les plus marquantes des révoltes ouvrières. Inversement, l'ampleur des grandes peurs sociales qui ont ébranlé les sociétés de l'Occident contemporain n'a le plus souvent aucun rapport avec l'importance réelle de leur objet... La naissance du mythe politique se situe dans l'instant où le traumatisme social se mue en traumatisme psychique. C'est dans l'intensité secrète des angoisses ou des incertitudes, dans l'obscurité des élans insatisfaits et des attentes vaines qu'il trouve son origine.

Ainsi seulement peut-on comprendre le caractère essentiel de la première — et de la plus évidente — fonction remplie par l'activité mythique et qui est une fonction de restructuration mentale. Il existe, on le sait, au-delà de sa fluidité, de ses ambiguïtés et de ses ambivalences une logique cohérente, il faudrait dire coercitive du mythe. Mais cette logique ne se limite pas en fin de compte au strict enchaînement de ses images, à la rigueur quasi syntaxique qui règle le déroulement de son récit. Si partiel, si limité qu'il puisse paraître, chaque mythe politique contient en lui-même une vision globale et structurée du présent et du devenir collectifs. A travers le culte entretenu en 1940 autour de la personne du maréchal Pétain, exalté à la fois comme héritier d'une lignée paysanne, chef militaire, interprète d'une morale traditionnelle et père protecteur de la patrie, c'est toute une image de la société française qui se découvre, celle-là même dont le régime de Vichy a souhaité l'instauration — ou le maintien. Le mythe de la conspiration juive vient rejoindre tout un système organisé d'explication où se trouve résolu l'ensemble des énigmes posées par les vicissitudes de l'histoire contemporaine. La nostalgie des Ages d'or, vieille France médiévale ou Cité antique, se confond avec le rêve d'une communauté fraternelle, libérée des divisions internes, régie par des liens de solidarité puissamment affirmés...

C'est par là d'ailleurs, bien plus sans doute que par le biais de filiations souvent hypothétiques, que les mythes politiques de nos sociétés contemporaines semblent susceptibles d'être assimilés aux grands mythes religieux des civilisations anciennes. Ceux-ci ont été souvent définis comme des « lectures imaginaires d'un moment historique ». L'expression vaut également pour toute mythologie politique. La « lecture imaginaire » que chacune d'elles implique permet en effet de rendre à l'histoire présente son intelligibilité perdue. Grâce à elle l'obscur chaos des événements se retrouve soumis à la vision d'un ordre immanent. L'inconnu menaçant d'un univers social éclaté peut être de nouveau maîtrisé et dominé. Sur les débris des croyances mortes de nouvelles certitudes s'édifient. Dans les cœurs, dans les consciences les équilibres rompus se reconstituent. En lui fournissant de nouveaux éléments de compréhension et d'adhésion, l'imaginaire mythique permet à celui qui s'abandonne à lui de se réamarrer dans un présent reconquis, de reprendre pied dans un monde redevenu cohérent, redevenu en effet clairement « lisible ».

Récit de caractère explicatif, on ne saurait cependant oublier que le mythe est aussi puissance mobilisatrice. A la fonction de restructuration mentale de l'imaginaire politique en correspond donc une autre qui est de restructuration sociale. Prenant naissance dans une situation de brisure de l'environnement historique, se développant dans un climat de vacuité sociale, le mythe politique est instrument de reconquête d'une identité compromise. Mais il apparaît aussi comme élément constructif d'une certaine forme de réalité sociale. L'appel des millénarismes révolutionnaires ne fait pas que projeter dans l'absolu les valeurs propres à tel ou tel groupe en position de rupture avec l'ordre dominant. Contribuant, en ce qui concerne ces groupes, à leur faire prendre conscience de leur identité, il contribue également à resserrer leur cohésion et à assurer leur identité : c'est dans le rêve de la révolution prolétarienne que le prolétariat s'affirme véritablement en tant que classe autonome. De même l'idée de l'Age d'or, inséparable de la notion de collectivité restreinte, doit-elle normalement conduire à un rétrécissement de l'espace social autour de petits groupes communautaires, solidairement refermés sur eux-mêmes. De même façon encore une histoire de la conspiration, celle-ci étant appréhendée dans sa permanence de fait d'ordre politique, ne cesse-t-elle de mêler le réel et l'imaginaire, l'authenticité objective et l'affabulation mythique, les rêves et les réalités du complot ne cessant de s'engendrer les unes les autres, de se développer les unes par rapport aux autres.

Dans tous les cas, c'est une des conséquences les plus visibles des manifestations de l'imaginaire politique que cette émergence de formes nouvelles d'organisation communautaire, nées à l'intérieur de la société globale et le plus souvent en opposition avec elle. (Ce que l'on exprimerait plus clairement, tout pédantisme mis à part, en utilisant les termes antagonistes empruntés au vocabulaire de Max Weber de *Gesellschaft*, c'est-à-dire de l'ensemble d'un système social défini en tant qu'entité politico-juridique, et de *Gemeinschaft*, c'est-à-dire de communauté définie en tant que lieu de rencontre et d'échange de solidarités affectives.) Le mythe politique apparaît ainsi, au regard de l'observation sociologique, comme autant déterminant que déterminé : issu de la réalité sociale, il est également créateur de réalité sociale [90]. Apparu là où la trame du tissu social se déchire ou se défait, il peut être considéré comme l'un des éléments les plus efficaces de sa reconstitution. Témoignage d'une crise qui affecte le groupe tout entier en même temps que chacun des individus qui le composent, c'est sur les deux plans, celui de la réinsertion sociale de l'individu « anomisé » et celui de la restructuration du groupe, qu'il tend à lui apporter un certain type de réponse.

Partant de l'histoire sociale, s'appuyant sur ses données, toute tentative de réflexion consacrée aux phénomènes de l'imaginaire politique aboutit donc à ce constat : l'absence de hiatus entre l'individuel et le collectif. Mais c'est sur un constat semblable que débouche également tout essai d'interprétation mené à partir de données d'ordre spécifiquement psychologique. Ce second fil conducteur doit être, semble-t-il, d'autant plus fermement tenu que, appréhendée dans les seuls termes de crise de société ou de situation d'anomie, la réalité mythique risque de n'apparaître que sous un éclairage trompeusement réducteur. S'il est vrai, en effet, que dans son déroulement, ses vicissitudes et ses dérèglements l'histoire influe sur les situations psychologiques, il est vrai aussi que les situations historiques restent étroitement dépendantes des lois et des troubles de la psyché humaine. Sans doute tout bouleversement, toute rupture apportée dans la vie sociale, affecte-t-il le moi jusque dans les plus secrètes de ses profondeurs. Sans doute l'environnement historique est-il, consciemment ou inconsciemment, vécu par chacun comme une réalité intérieure, agissante, impérieuse, parfois même singulièrement envahissante. Mais on ne saurait oublier que les possibilités d'expression du moi demeurent inscrites dans un registre immuable et tout compte fait assez court. Les conséquences psychiques des grands bouleversements historiques, des grandes mutations politiques ou sociales ne trouvent leur traduction que dans le cadre d'un certain nombre de potentialités, incluses dans chaque individu et de caractère sans doute universel. Le clavier vibre, résonne différemment selon que l'on appuie plus ou moins fortement sur telle ou telle des notes qui le composent. Il faut pourtant se souvenir qu'il s'agit toujours du même clavier. « La psychologie du petit enfant, écrit dans le même sens Claude Lévi-Strauss, constitue le fond universel infiniment plus riche que celui dont dispose la société particulière. »

Nous n'ignorons pas à quelles équivoques peuvent prêter de telles formules. Il convient donc de préciser qu'il n'est en aucune façon de notre intention de rouvrir les termes du vieux débat (qui reste cependant au cœur de toute conscience historique) entre l'histoire conçue dans une vision unitaire et l'histoire dominée par le concept de pluralité, entre l'histoire science de la permanence et l'histoire science des différences. En ce qui concerne plus particulièrement l'histoire des mentalités collectives, c'est un trait commun de toutes les œuvres qui, depuis quelques dizaines d'années, ont marqué son développement — et dans ce que celles-ci présentent de plus stimulant, de plus puissamment novateur — que d'insister sur les notions de changement, de mutation ou de rupture. Après Lucien Febvre, Philippe Ariès et Michel Foucault nous ont appris les bouleversements décisifs qu'ont connus, dans un espace de temps étonnamment court, les attitudes et les comportements devant la vie et devant la mort, les rapports de l'homme avec le sacré, la sexualité ou la folie. Il ne s'agit pas de remettre en cause cet acquis. Il s'agit seulement d'appeler l'attention sur d'autres niveaux, d'autres perspectives d'analyse. Nul ne contestera la légitimité d'une démarche consistant à mettre l'accent sur l'extrême diversité, en fonction des temps, des civilisations et des cultures, des modes d'expression, de la sensibilité ou des formes de la créativité esthétique. Faut-il pourtant récuser Bachelard, situant dans une dimension intemporelle les rêves sécrétés par l'imagination humaine au contact des arbres, de la terre, de l'eau ou des nuages — s'appuyant sur la permanence des schèmes représentatifs, des symboles et des métaphores? Dans ses *Essais d'ethnopsychiatrie générale,* Georges Devreux a d'autre part clairement montré que, si leurs manifestations varient selon le contexte social à l'intérieur duquel ils se manifestent, les troubles psychiatriques sont partout relevables d'un même type de diagnostic clinique [91]. De même faut-il admettre comme un fait d'évidence que, dans leur formulation, dans le libellé de leur discours, les grandes mythologies politiques de notre temps dépendent très étroitement des données politiques, sociales et culturelles de la situation historique dans laquelle elles se développent. Que les conditions mêmes de ce développement se trouvent par ailleurs subordonnées à l'accidentel, aux phénomènes de crise, de tension ou de marginalisation, le constat vient d'en être fait. Il reste que, dès que l'analyse, allant plus profond, atteint ce qu'on peut appeler le problème de leur enracinement psychique, on a le sentiment d'échapper à la houle des temps, d'aborder à un ordre qui est celui des perennités premières.

Replacés dans ces perspectives, les grands mythes politiques des sociétés contemporaines ne peuvent manquer d'apparaître comme l'une des formes d'expression de bon nombre des principales constantes psychologiques inhérentes à la personne humaine [92]. Le rêve de l'Age d'or, nous l'avons vu, est inséparable du phénomène de nostalgie, c'est-à-dire de la fixation sur les valeurs d'enfance, de leur persistante présence au centre de la vie adulte. L'appel au Sauveur répond à une situation de vacuité : il est quête d'un père absent ou substitution d'une *imago* paternelle idéalisée à celle d'une paternité récusée. L'espérance de la révolution messianique traduit les pulsions de la volonté mégalomane qui entend façonner le monde selon ses propres modèles. Les images contradictoires de la Ville, protectrice ou tentaculaire, répondent à celle de la Mère, havre clos de sécurité ou ogresse dévorante. La dénonciation du complot est libératrice de la peur, du ressentiment et de la colère... Et sans doute chacune de ces tendances peut-elle prendre un aspect pathologique, devenir mélancolie régressive, névrose de transfert, délire de persécution ou obsession paranoïaque. Elles demeurent cependant insidieusement présentes dans ce que l'observation clinique définira comme un état de normalité. Il suffit d'un effort très élémentaire d'introspection pour toutes les retrouver, à demi enfouies ou clairement agissantes à l'intérieur de chacun de nous. Qui n'a son Age d'or, son époque privilégiée de référence affective, le moment du passé où restent cristallisés ses rêves de lumière et de bonheur ? Qui n'a parfois connu les instants exaspérés de l'attente du bouleversement libérateur ? Il n'est en fait aucun des appels des mythes politiques de notre temps, dans leur multiplicité et leurs contradictions, qui ne puisse recueillir en nous-mêmes des virtualités de réponse, puisque c'est en nous-mêmes, par nous-mêmes, dans la banalité de notre inconscient, qu'ils ont trouvé leur première expression, manifesté leurs premières exigences.

Présents dans la normalité du psychisme individuel (compte tenu du caractère tout relatif de la notion de normalité), les rêves et les pulsions de l'imaginaire le sont aussi dans la normalité du psychisme collectif. L'attention se trouve naturellement attirée par les formes effervescentes de l'activité mythique, ses manifestations les plus tumultueuses et les plus ostentatoires. L'analyste tend ainsi à privilégier ses aspects névrotiques, à ne l'appréhender que dans ses états de morbidité — et ceux-ci ne sont pas en effet sans correspondre, aux périodes de crise, aux épisodes de tension ou de déséquilibre à l'intérieur du corps social. La règle veut cependant que le pathologique soit toujours en germe dans le normal. De fait, sous une forme banalisée, minorisée, il n'est aucun des grands mythes politiques dont nous avons tenté de cerner les contours qui ne puisse se retrouver en dehors du cadre des seules sociétés malades. L'attachement affectif aux rêves d'un passé idéalisé n'a jamais cessé de nourrir l'épopée et la romance; institutionnalisé, officialisé, il s'exprime également dans les commémorations, la célébration des dates anniversaires, le culte rendu au souvenir des héros légendaires. L'idéologie du Progrès, dominante depuis plus de deux siècles dans les sociétés occidentales, la foi dans la Raison, la Science et la Technique, la croyance dans l'avènement final d'un règne de bonheur et de justice, peuvent être considérées comme l'une des formes édulcorées de l'attente millénariste. Aucun système politique, quels que soient les principes dont il se réclame et si démocratique qu'il puisse se prétendre, n'ignore le phénomène de l'incarnation, de la personnalisation du pouvoir; tout leader, tout chef de parti tend plus ou moins à prendre le visage du Sauveur. On connaît enfin le rôle que jouent, comme facteur essentiel de cohésion collective, la présence et la crainte de « l'autre », l'image du Barbare rôdant aux portes de la Cité, le sentiment de son étrangeté et de la menace que celle-ci représente pour la sécurité du groupe et le maintien de ses valeurs traditionnelles.

Dans la mesure où il est permis de parler de sociétés équilibrées, c'est-à-dire de sociétés dont les tensions internes restent maintenues dans des limites supportables, il n'est en fait aucune de celles à qui paraît pouvoir s'appliquer ce qualificatif qui ne laisse une certaine marge aux puissances du rêve, comme d'ailleurs à celles de la violence, de l'agressivité, voire de la révolte. Mais se trouve parallèlement mis en place tout un dispositif de mécanismes régulateurs qui permet de les contrôler, de les endiguer, de les canaliser et finalement de les intégrer au système établi. Telle est notamment la fonction remplie, dans les sociétés traditionnelles, par les rituels de passage, les confréries, les associations d'âge et surtout les fêtes dont une très abondante littérature sociologique a clairement mis en évidence le caractère essentiel de « transgressions ordonnées ». Saturnales, fête des Fous, Carnaval, semblent consacrer le renversement brutal des tabous, des censures et des hiérarchies établies, mais cette subversion reste étroitement limitée dans le temps et demeure soumise à des règles coutumières d'une extrême précision; libérant certaines formes de violence dans un cadre prédéterminé, permettant l'expression provisoire d'un certain état de révolte contestataire, elle contribue en fin de compte à la préservation et au maintien de l'ordre existant. Il conviendrait de s'interroger de la même façon sur les mécanismes institutionnels qui, dans le cadre des sociétés modernes et en fonction des poussées de l'irrationnel mythique, remplissent une fonction semblable de régulation et de compensation. Bien des cérémonials aujourd'hui contestés ou condamnés à la désuétude, bien des rites de la vie collective ou des formes de l'apprentissage social hérités de temps plus anciens ou élaborés au cours du siècle dernier reprendraient sans doute leur véritable signification.

Ainsi, de nouveau, se rejoignent et se recoupent facteurs d'interprétation sociologique et facteurs d'explication psychologique. Le même mouvement pendulaire qui nous a conduits du social au psychique, nous ramène du psychique au social. Nous emprunterons à cet égard à Roger Bastide un exemple apparemment très particulier : celui des troubles mentaux affectant certains travailleurs africains immigrés en Europe. Roger Bastide montre de façon pleinement convaincante que ces troubles existaient à l'état latent chez ces sujets avant leur transplantation dans un autre cadre d'insertion sociale [93]. Mais ils se trouvaient contenus dans le contexte traditionnel de la vie communautaire africaine. Les freins ont sauté en même temps qu'ont cessé de fonctionner les soupapes de sécurité. Dans une situation de vacuité culturelle, de rupture de l'environnement, les symptômes névrotiques se sont exaspérés, puis manifestés dans toute leur ampleur... Dans la mesure où le processus d'élaboration et de développement du délire est assimilable à celui du mythe, la référence n'est pas fortuite. Il n'y a pas de différence de nature, seulement de degré entre une expression mythique considérée comme saine et une expression mythique jugée pathologique : c'est le même imaginaire qui canalisé, discipliné dans une société aux structures hiérarchiques bien assises, réglée par des échanges harmonieux de solidarité et de complémentarité, s'exalte et s'enfièvre lorsque les défenses mises en œuvre pour sauvegarder l'équilibre de cette société se trouvent bloquées ou supprimées. De même les grands bouleversements tectoniques peuvent-ils faire jaillir des geysers, des cascades tumultueuses, des sources bouillonnantes. Cette soudaine irruption ne peut cependant s'expliquer que par l'existence préalable de nappes d'eau souterraines. Présentes dans le modelé du relief, dans la nature du tapis végétal, celles-ci demeuraient cachées au regard. Il a fallu la rupture du substrat minéral pour les libérer dans l'intensité de leur puissance. Les bouleversements de l'environnement historique jouent un rôle identique à celui des brisures tectoniques : c'est à eux que sont dus ces jaillissements impétueux de forces, jusqu'alors sous-jacentes, issues du plus profond de l'imaginaire mythologique.

Constatation d'autant plus redoutable que ces puissances du rêve, dans la normalité même du fonctionnement de leurs systèmes politiques, les sociétés techniciennes de notre temps ont tendu de plus en plus à les évacuer de leurs structures organiques, à les refouler hors de leurs cadres institutionnels. Après Saint-Simon, Auguste Comte et beaucoup d'autres, Durkheim avait insisté à son tour, au début de ce siècle, sur la nécessité de retrouver, de redéfinir et de restaurer de nouvelles formes de « transcendance sociale » — condition essentielle à ses yeux du maintien du principe de cohésion à l'intérieur de nos sociétés occidentales. Dans les sociétés traditionnelles, c'est — on le sait — dans le sacré que le pouvoir n'a jamais cessé de trouver le fondement premier de toute légitimité. Révolue même l'antique geste des Dieux et des Héros, générateurs des peuples et fondateurs des cités, on ne peut ignorer ce que le mystère de Reims, l'huile sainte versée sur le front et l'épaule de leurs souverains, le miracle des guérisons royales, la puissance aussi du sang et de la lignée, la présence des tombeaux depuis un millénaire alignés côte à côte dans les cryptes de Saint-Denis avaient continué à représenter pour les hommes de l'Ancienne France... Et sans doute, «rupture inaugurale», la Révolution avait-elle brisé les vieux charmes, refoulé les antiques sortilèges, éteint l'ancienne magie. Mais on avait aussitôt assisté à la lente élaboration, puis aux progrès de plus en plus rapides d'un type nouveau de «transcendance sociale», celui-là même que l'on peut désigner à la fois comme relevant d'une sorte de mysticisme laïque ou d'un positivisme sacralisé. En fait — et avec son rituel, ses symboles et son lyrisme rhétorique —, c'est une nouvelle forme de religiosité politique qui avait fini par se reconstituer autour d'un système relativement cohérent de valeurs collectives: culte du Droit, de la Justice, de la Liberté et de la Solidarité, célébration de la Patrie, foi dans le Progrès humain, dans l'avènement à l'intérieur des consciences d'une nouvelle morale authentifiée par la Raison. Il faut bien admettre que ce système fut loin de bénéficier d'un phénomène de totale adhésion: c'est précisément dans ses zones de vacuité, c'est aussi dans ses moments de rupture ou de contestation que se situent la plupart des mouvements d'effervescence mythique évoqués dans ces pages. L'acceptation du plus grand nombre suffit cependant à lui permettre d'assurer un rôle global d'équilibrage, de régulation, mais aussi de très réelle et très puissante animation. Ignorer par exemple ce fait considérable qui est celui de la sacralisation, au regard du plus grand nombre de nos compatriotes, de l'idée et du terme même de République, c'est se condamner à ne rien comprendre à l'histoire sentimentale et morale de la France des années 1900.

Conséquence probable de l'immense traumatisme de la Première Guerre mondiale: sous des formes diverses, volant d'un seul coup en éclats ou s'effritant peu à peu avec une inexorable lenteur, c'est l'ensemble de ce système, progressivement échafaudé tout au long du siècle dernier, qui s'est presque totalement effondré. « Désenchantement du monde », c'est ici sans doute que la vieille et fameuse formule de Max Weber a pris sa signification essentielle. Le phénomène est loin, en vérité, d'avoir atteint dans sa totalité la vie des sociétés modernes. L'imaginaire y conserve au moins un refuge, et qui est celui de l'esthétisme. Fait significatif à cet égard : alors que les églises elles-mêmes semblent s'obstiner à se dépouiller de tout le merveilleux de leur antique légendaire, la seule imagerie publicitaire mobilise, intactes, les puissances de rêve de toute une société, exalte ses phantasmes, les nourrit d'un monde sans cesse renouvelé de formes, de signes et de symboles. Il reste vrai cependant que, coupé de tout arrière-plan d'authentique transcendance, privé de toute dimension sacralisante, le pouvoir social a tendance à ne plus désormais se définir qu'en fonction des seuls critères de l'efficacité et de la rationalité [94]. Dans les mécanismes de l'organisation collective, la seule place concédée à l'imaginaire s'est trouvée pratiquement réduite à celle — strictement formelle — qui semble pouvoir être abandonnée sans dommage à l'expression de certaines survivances rituelles vouées à une irrémédiable disparition. La coupure n'a pas cessé pour autant de s'approfondir entre le monde diurne et le monde nocturne, le sacré et le profane, le merveilleux et le quotidien, l'onirique et le réel. « Partout de la neige, annonçait déjà Nietzsche, la vie est muette ici. Rien ne pousse et ne croît ici... »

Mais il est des forces que l'on ne peut réduire au silence. Lorsqu'elles ne sont plus satisfaites dans le cadre des temples officiels, les exigences du sacré trouvent leur expression dans les formes les plus aberrantes de la religiosité. Éliminées des normes de l'organisation collective, méconnues, suspectes ou réprouvées, les puissances du rêve resurgissent en explosions anarchiques. A un ordre politique et social qui se montre inapte à les intégrer, qui ne parle plus à l'imagination ni au cœur, à un univers quotidien désenchanté, décoloré, correspond l'appel à d'autres sortilèges : les cortèges flamboyants du Nuremberg nazi, ses cathédrales de lumière, ses chants, ses torches et ses oriflammes ou les nuits de la

Sorbonne de Mai 1968, ses griseries de mots et les vains simu-
lacres d'une révolution impossible... Il faut croire sans doute
— l'auteur de cet essai en est lui-même convaincu — à la supériorité créatrice de l'intelligence, à son incomparable capacité d'invention et de renouvellement. Mais Dionysos demeure, qui est un
Dieu ombrageux. Il est en fin de compte plus sage, il faut oser dire
plus raisonnable, de lui reconnaître sa place — sa juste place —
que de tenter d'étouffer sa voix.

Notes et références

Le souci de ne pas alourdir inutilement cet essai nous a conduits à ne l'accompagner que d'un appareil critique relativement réduit par rapport à l'ampleur des problèmes évoqués.

Il ne nous a pas notamment paru indispensable de multiplier les références en ce qui concerne les œuvres classiques que nous avons fréquemment utilisées et qui, de Diderot à Péguy en passant par Balzac ou Alexandre Dumas, ont fait l'objet de très nombreuses rééditions. Il nous semble permis d'espérer que l'on nous fera confiance à cet égard quant à l'exactitude de nos citations.

En revanche, nous avons eu scrupule à n'omettre aucun des auteurs et aucun des ouvrages qui ont — et souvent de façon décisive — contribué à notre réflexion et qui sont à même de permettre au lecteur de la poursuivre, de l'approfondir ou de la contredire.

I. Pour une introduction à l'imaginaire politique

1. Consacré à l'étude de l'imaginaire politique, cet essai aurait été inconcevable si, depuis une quarantaine d'années, trois très grandes œuvres n'étaient venues modifier les horizons de la culture contemporaine : celles de Mircea Eliade, de Claude Lévi-Strauss et de Georges Dumézil. Ces œuvres constituent le point de départ indispensable à toute tentative d'approche du phénomène mythologique, quelle que soit la forme prise par celui-ci. Compte tenu de leur ampleur, nous ne les citerons pas cependant dans leur ensemble, mais volume après volume, en rapport immédiat avec chacun des problèmes évoqués.

Parmi les ouvrages généraux les plus utiles pour la compréhension globale du sujet, il convient par ailleurs de mentionner : Roger Caillois, *le Mythe et l'Homme*, Paris, Gallimard, 1938, et *l'Homme et le Sacré*, Paris, Gallimard, 1950; Ernst CASSIRER, *The Philosophy of Symbolic Forms*, New Haven, Yale University Press, 1965, 3 vol.; Vilfredo PARETO, *Mythes et Idéologies*, textes réunis par Giovani Busino, Genève, Droz, 1966; Carl Gustav JUNG et Karoly KERENEYI, *Introduction à l'essence de la mythologie*, Paris, Payot, 1968; Marie BONAPARTE, *Mythes de guerre*, Paris, PUF, 1950; René GIRARD, *la Violence et le Sacré*, Paris, Grasset, 1972; *la Fonction symbolique : essais d'anthropologie*, réunis par Michel IZARD et Pierre SMITH, Paris, Gallimard, 1979; Karl ABRAHAM, *Rêves et Mythes*, Paris, Payot, 1977 (trad. de l'allemand).

En ce qui concerne plus spécialement le mythe politique, voir Henry TUDOR, *Political Myth*, Londres, Pall Mall, 1972, et André RESZLER, *Mythes politiques modernes*, Paris, PUF, 1981. Voir surtout, dans l'œuvre d'Henri DESROCHES, *Sociologie de l'espérance*, Paris, Calmann-Lévy, 1973. On consultera encore le numéro spécial des *Cahiers internationaux de sociologie* de décembre 1962.

2. De l'œuvre considérable de Mircea ELIADE, lire surtout, par rapport au sujet de ce livre, *Images et Symboles. Essais sur le symbolisme magico-religieux*, Paris, Gallimard, 1952; *Aspect du mythe*, Paris, Gallimard, 1963; *Mythes, Rêves et Mystères*, Paris, Gallimard, 1965, et *le Sacré et le Profane*, Paris, Gallimard, 1965.

3. Trois exemples de cette analyse du mythe en termes de mystification: Roland BARTHES, *Mythologies*, Paris, Éd. du Seuil, 1957; Alfred SAUVY, *Mythologies de notre temps*, Paris, Payot, 1965; Raymond RUYER, *les Nuisances idéologiques*, Paris, Calmann-Lévy, 1972.

4. De Claude LÉVI-STRAUSS, nous nous sommes principalement référé aux ouvrages suivants: *Anthropologie structurale*, Paris, Plon, 1958, et *Mythologiques*, Paris, Plon, 1964: 1) *le Cru et le Cuit*, 1964; 2) *Du miel aux cendres*, 1966; 3) *l'Origine des manières de table*, 1968; 3) *l'Homme nu*, 1971. Voir également l'étude intitulée «Comment meurent les mythes», in *Mélanges en l'honneur de Raymond Aron*, Paris, Calmann-Lévy, 1971, p. 128 *sq.*

5. Voir Gaston BACHELARD, *la Psychanalyse du feu*, Paris, Gallimard, 1965; *l'Eau et les Rêves*, Paris, Librairie José Corti, 1968; *l'Air et les Songes*, id., 1943; *la Terre et les Rêveries du repos*, id., 1965; *la Terre et les Rêveries de la volonté*, id., 1968.

6. Gilbert DURAND, *Structures anthropologiques de l'imaginaire*, Paris, Bordas, 1969.

7. Norman COHN, *Les Fanatiques de l'Apocalypse*, Paris, Julliard, 1962. Il convient par ailleurs de remarquer que Claude Lévi-Strauss lui-même ne manque pas d'accorder toute son importance à la «perspective historique» par rapport aux schémas de l'anthropologie structuraliste. «La méthode structuraliste, écrit-il *(Du miel aux cendres, op. cit.)*, ne s'oppose pas à une perspective historique; bien au contraire, elle lui concède une place de premier plan: celle qui revient de droit à la contingence irréductible sans laquelle on ne pourrait même pas concevoir la

nécessité... Pour être viable, une recherche tout entière tendue vers les structures commence par s'incliner devant la puissance et l'inanité de l'événement. » C'est en revanche une conception, selon nous, particulièrement réductrice qu'il présente de l'histoire lorsqu'il la montre organisant ses données en fonction des seules « expressions conscientes de la vie sociale ». Il nous apparaît évident que les données inconscientes relèvent elles aussi du territoire de l'historien dans la mesure où elles sont décelables à travers le temps.

.

II. LA CONSPIRATION

8. Le récit de ces faits est directement emprunté à l'ouvrage particulièrement éclairant de Norman COHN, *Histoire d'un mythe. La conspiration juive et les « Protocoles des Sages de Sion »*, Paris, Gallimard, 1967. Pour les textes cités plus loin des *Protocoles*, se référer également à cet ouvrage.

9. J. MICHELET et E. QUINET, *Des jésuites*, rééd. Paris, J.-J. Pauvert, 1968.

10. Abbé Augustin DE BARRUEL, *Mémoires pour servir à l'histoire du jacobinisme*, Vouillé, Diffusion de la pensée française, 1973, 2 vol. Réédité à de nombreuses reprises, l'ouvrage a été publié pour la première fois à Londres en 1797.

11. « L'apparition de l'animalité dans la conscience, note Gilbert Durand, est significative d'une dépression de la personne jusqu'aux marches de l'unité » (G. DURAND, *op. cit.*). Dans son essai sur les représentations de la pieuvre, Roger Caillois montre bien par ailleurs la parenté qui unit, dans l'imaginaire, les monstres buveurs de sang : la pieuvre, avec ses tentacules et ses ventouses, relève du même univers mythique que l'araignée et le vampire (R. CAILLOIS, *la Pieuvre*, Paris, La Table ronde, 1973). Se voit ainsi soulignée, liée à celle de la souillure, l'obsession du sang. « Ce mot sang, écrit Edgar Poe, cité par Durand, ce mot suprême, ce mot roi, toujours si riche de mystère, de souffrance et de terre, cette syllabe pesante et glacée. » L'homme du complot vide ses victimes de leur sang ou corrompt irrémédiablement celui-ci par son contact.

12. Abbé H. DESPORTES, *Le Mystère du sang chez les juifs de tous les temps*, préface d'É. Drumont, Paris, 1889. Voir également André BARON, *les Sociétés secrètes et leurs crimes*, Paris, Daragon, éd. 1906, et Albert MONNIOT, *le Crime rituel chez les juifs*, préface d'É. Drumont, Paris, Trequin, 1914.

13. Le thème de la fessée (celle-ci étant cette fois infligée à de pieuses religieuses) est repris par A. BARON, *op. cit.*, pour être mis au compte des francs-maçons accusés d'être les organisateurs des journées révolutionnaires de 1792-1793 où de semblables sévices auraient été constatés.

14. Abbé H. DESPORTES, *Le Juif franc-maçon*, Paris, 1890.

15. Sur la place tenue par la hantise du démon et des puissances démoniaques dans une très large fraction de l'opinion catholique à la fin du XIX\ e siècle, voir le petit livre, particulièrement suggestif, d'Eugen WEBER, *Satan franc-maçon. La mystification de Léo Taxie*, Paris, Julliard, 1964.

A titre d'exemple de cette littérature, ce bref extrait de *l'Écho de Rome*, en date du 1\ er janvier 1894 : « En combattant la franc-maçonnerie, c'est l'enfer lui-même que nous combattons… Depuis longtemps, les milices infernales sont déchaînées… Dans les arrière-loges, le culte de Satan est déjà organisé, ayant son rite, ses cérémonies, ses sacrements, le tout s'accomplissant au milieu d'effroyables sacrilèges. » Le thème majeur est celui de l'existence, derrière les institutions officielles de la maçonnerie, d'« arrière-loges » dont les initiés se livrent à des actes sacrilèges (notamment à la profanation d'hosties consacrées), voire à l'invocation des démons.

Pour beaucoup d'auteurs, ces « arrière-loges » ne sont d'ailleurs qu'une émanation du « pouvoir juif ». « Je vous ai déjà expliqué, écrit Drumont dans *la Libre Parole* du 19 août 1889, que la franc-maçonnerie était d'origine juive et que les juifs depuis la guerre surtout étaient les maîtres absolus des loges. » Lire sur ce thème COPIN-ALBANELLI, *la Conspiration juive dans le monde chrétien*, Paris, La Renaissance française, 1909; M\ gr Ernest JOUIN, *le Péril judéo-maçonnique*, Paris, Émile-Paul, 1920, t. I; ou encore Léon DE PONCINS, *les Forces occultes dans le monde moderne*, Paris, 1943.

En ce qui concerne d'autre part les rapprochements à établir avec les grandes chasses aux sorcières des XVI\ e et XVII\ e siècles, voir notamment Julio Caro BAROJA, *les Sorcières et leur monde*, Paris, Gallimard, 1973.

16. Voir Guillaume BERTIER DE SAUVIGNY, *Un type d'ultra-royaliste, le comte Ferdinand de Bertier et l'énigme de la Congrégation*, Paris, Les Presses continentales, 1948.

17. Il est même curieux de constater que, durant la période révolutionnaire, c'est à maintes reprises que le complot maçonnique s'est trouvé dénoncé comme particulièrement dangereux pour les institutions républicaines. Ainsi *le Journal des hommes libres* du 18 février 1797 dénonce-t-il l'ouverture d'une loge maçonnique à Laval comme un refuge pour les « parents d'émigrés, les chouans rentrés, ceux qui ont arboré la cocarde blanche ». « La réouverture de cette société monstrueuse est du plus sinistre augure pour les républicains et ils ne voient pas sans une certaine surprise redoubler l'activité de ces éternels conspirateurs » (cité in Albert LANTOINE, *Histoire de la franc-maçonnerie française*, 2\ e éd., Paris, E. Nourrit, 1948). Voir également J.-A. FAUCHER et A. RICHER, *Histoire de la franc-maçonnerie en France*, Paris, Nouvelles Éditions latines, 1967.

18. Sur la sociologie de l'antisémitisme, voir principalement, parmi une très abondante littérature, Robert F. BYRNES, *Antisemitism in Modern France*, New Brunswick, Rutger University, 1950. Voir également Michel WINOCK, *Édouard Drumont et C\ ie*, Paris, Éd. du Seuil, 1982.

19. Voir le *Journal officiel*, compte rendu de la séance de la Chambre des députés du 17 juin 1904. Au député de droite Prache dénonçant la franc-maçonnerie comme une société secrète en contravention avec les lois, le député Laferre répond en demandant la dissolution des tiers-ordres religieux : « La véritable maçonnerie, la voilà, s'écrie-t-il, autrement redoutable que l'autre. »

III. Le Sauveur

20. Voir A. DERÔME, *la Dernière Carte. Qui est Pinay? Quelles sont ces chances?*, Paris, Éd. Médicis, 1952, et *Paris-Match*, 21-28 mars 1951.
Sur l'image de M. Pinay, voir également André STIBIO, *Antoine Pinay*, Paris, Éd. du *Journal du Parlement*, 1955, et la thèse de Sylvie GUILLAUME, *Antoine Pinay et la Confiance politique*, Paris, Presses de la FNSP, 1984.
21. Sur le système de valeurs représenté par le personnage de M. Pinay, un excellent témoignage est fourni par l'ouvrage de Jules ROMAINS, *Examen de conscience des Français*, Paris, Flammarion, 1954.
22. Voir Jean TULARD, *le Mythe de Napoléon*, Paris, Colin, 1971.
23. Voir G. BACHELARD, *la Terre et les Rêveries du repos, op. cit.*
24. Maurice BARRÈS, *Les Déracinés*, Paris, Plon, 1897.
25. André MALRAUX, *Les chênes qu'on abat*, Paris, Gallimard, 1971. On rapprochera utilement ce témoignage de celui de René BENJAMIN, *le Maréchal et son peuple*, Paris, Plon, 1941.
26. Pour tout ce qui concerne la mythologie politique du national-socialisme allemand, voir le remarquable livre (publié trop tôt sans doute pour avoir trouvé l'audience qu'il méritait) de Dominique PELASSY, *le Signe nazi*, Paris, Fayard, 1983.
27. Voir Dominique PELASSY, *op. cit.*
28. Voir L. HAMON et A. MABILEAU, *la Personnalisation du pouvoir*, Paris, PUF, 1964. Également *Charismatic Political Leadership*, Princeton University Press, 1968.
29. Stephan GEORGE, *Poèmes* (« Le septième anneau »), tr. fr. de Maurice BOUCHER, Paris, Aubier, 1969.
30. Sur le culte du héros, voir bien évidemment Thomas CARLYLE, *les Héros, le culte du héros et l'héroïsme dans l'histoire*, Paris, Colin, 1888 (tr. et introd. de J.-B. Izoulet Labatières). Voir encore Michel Henri GIHES, *Aux origines de la théorie du pouvoir charismatique*, Paris, 1974, (Mémoire de l'IEP, sous la direction de R. Girardet, multig.).
31. Sur le culte du maréchal Pétain, nous sommes redevables de nombreuses

indications aux travaux encore inédits d'Alain-Gérard SLAMA que celui-ci a bien voulu nous communiquer.

32. Voir Raoul GIRARDET, *la Société militaire dans la France contemporaine 1814-1939*, Paris, Plon, 1953.

33. Georges DUMÉZIL, *Mythe et Épopée*, Paris, Gallimard: 1) *l'Idéologie des trois fonctions dans les peuples indo-européens*, 1968; 2) *Types épiques indo-européens*, 1971; 3) *Distances romaines*, 1973.

34. Sur la notion de légitimité, voir principalement Paul BASTID *et al.*, *l'Idée de légitimité*, Paris, PUF, 1967. On consultera encore Carl SCHMITT, *Légalité, Légitimité*, Paris, Sirey, 1936, (tr. de l'allemand). W. FACH, *Politische Legitimitât*, Frankfort-sur-le-Main-New York Campus, 1978, et Alfred GROSSER, *Au nom de quoi? Fondements d'une morale politique*, Paris, Éd. du Seuil, 1969.

35. Guglielmo FERRERO, *Pouvoirs. Les génies invisibles de la cité*, Paris, Plon, 1943 (tr. de l'italien).

36. Erik H. ERIKSON, *Adolescence et Crise. La crise d'identité*, Paris, Flammarion, 1972 (tr. de l'américain).

37. Voir K. JENNINGS et R. G. NIEHI, *The Political Character of Adolescence*, Princeton University Press, 1974. D'utiles indications dans Gérard MENDEL, *la Révolte contre le père. Une introduction à la sociopsychanalyse*, Paris, Payot, 1968.

38. Robert d'HARCOURT, dans un très beau livre, *l'Évangile de la force. Le visage de la jeunesse du Troisième Reich*, Paris, Plon, 1936.

39. Sur les mouvements de jeunesse allemande dans la période hitlérienne et préhitlérienne, Walter LAQUEUR, *Young Germany*, Londres, Routlege and Viegan, 1962.

Voir également Werner KLOSE, *Histoire de la jeunesse hitlérienne*, Paris, Albin Michel, 1966, (tr. de l'allemand), et H. W. KOCH, *The Hitler Youth*, Londres, Mac Donald and James, 1973.

Un excellent témoignage sur toute une mentalité est fourni par le recueil de chants de E. F. BARTELMAS et R. MOETLICHS, *Sprachchor der Hitlerjugend*, Stuttgart-Berlin-Leipzig, Union deutsche Verlagsgesellschaft, 1940.

40. Voir Dominique PELASSY, *op. cit.*

IV. L'AGE D'OR

41. Frédéric MISTRAL, *Mémoires et Récits*, Raphèle-les-Arles, Marcel Petit éd., rééd. 1980.

42. Voir l'étude de Danielle LÉGER, «Les utopies du retour», *Actes de la recherche en sciences sociales*, septembre 1979, p. 45 *sq*.

43. D'utiles indications dans l'ouvrage de Robert LENOBLE, *Histoire de l'idée de nature,* Paris, Albin Michel, 1969.

44. Voir Charles RIHS, *les Philosophes utopistes. Le mythe de la Cité communautaire en France au XVIIIe siècle,* Paris, Marcel Rivière, 1970.

45. Voir Jean CAZENEUVE, *Bonheur et Civilisation,* Paris, Gallimard, 1966. Évoquant les paradis promis et les paradis perdus, l'auteur insiste cependant, tout en signalant l'interférence de leurs images, sur le fait que, dans les religions du salut, le paradis de la fin des temps ne se confond pas avec l'Éden originel. L'horizon mystique demeure très différent. Le bonheur originel est précaire, l'homme indépendant de Dieu étant défini comme essentiellement faillible. La béatitude finale, en revanche, est celle de la perfection céleste, c'est-à-dire de la fusion totale de la créature avec Dieu. Le premier paradis est celui des regrets, l'autre celui des espoirs.

46. Rapporté par Danielle LÉGER, art. cité. Le propos est attribué à Brice Lalonde. Il illustre fort bien les ambiguïtés du mouvement écologiste contemporain, dans ses aspects essentiellement réversibles : régression et protestation, passéisme et créativité, libération et quête d'un nouvel ordre. Pour une dimension historique plus large, voir l'article de Jean SÉGUY, « Une sociologie des sociétés imaginées. Monarchisme et utopie », *Annales,* mars-avril 1971, p. 328 *sq.*

47. Voir la thèse de Gaetano MANFREDONIA, *l'Individualisme anarchiste en France* (thèse de l'IEP, multig.) sous la direction de R. Girardet, Paris, 1984. Le mouvement saturnien, selon Gaetano Manfredonia, connaîtra, quelques années plus tard, une dissidence « sauvagiste ». Les « sauvagistes » publieront en février 1900 un éphémère journal, *l'Age d'or,* qui se proposait de militer pour le retour aux formes « primitives » de l'existence humaine. Ces groupes semblent être restés étroitement minoritaires à l'intérieur du mouvement anarchiste français.

48. Pour tout ce qui concerne J.-J. Rousseau, nous n'avons fait que suivre de très près les analyses, à notre sens décisives, de Jean STAROBINSKI, *Jean-Jacques Rousseau, la transparence et l'obstacle,* Paris, Gallimard, 1971.

49. Antoine Louis-Léon de SAINT-JUST, *Fragments sur les institutions républicaines,* précédé de *l'Esprit de la Révolution,* Paris, Union générale d'éditions, 1963.

50. Voir le très beau livre de Fernand BALDENSPERGER, *le Mouvement des idées dans l'émigration française,* Paris, Plon, 1924, t. II. Voir notamment, dans le tome II, le chapitre consacré aux « prophètes du passé » dont sont extraites les citations qui suivent.

51. Sur le rêve rural, voir notamment Paul VERNOIS, *le Roman rustique de George Sand à Ramuz,* Paris, Nizet, 1962. Voir également, outre l'article déjà cité de Danielle LÉGER, « Les utopies du retour », l'étude de Rémy PONTON, « Les images de la paysannerie dans le roman social à la fin du XIXe siècle », *Actes de la recherche en sciences sociales,* novembre 1979, p. 62 *sq.* Consulter encore

Henri MENDRAS, *Voyage au pays de l'utopie rustique*, Lyon, Actes du Sud, 1979.

52. De Nicolas RÉTIF DE LA BRETONNE, lire essentiellement à cet égard *la Vie de mon père*. Le père de Nicolas, Edme Rétif, était né en 1692 et mort en 1764.

53. LEZAY-MARNESIA, *Le Bonheur dans les campagnes*, Neufchâtel, 1785. D'inspiration fondamentalement rousseauiste, l'ouvrage se veut un plaidoyer en faveur du retour à la terre de la noblesse traditionnelle. L'idéal est celui d'une société patriarcale où la vieille noblesse retrouvera, en même temps que sa prééminence en voie de perdition, le sens de ses devoirs. La fidélité à la pensée de J.-J. Rousseau se trouve ici associée à une certaine forme de réaction nobiliaire, antibourgeoise et anticapitaliste.

54. Le problème se trouve largement traité dans l'ouvrage, trop souvent oublié, de Bernard GROETHUYZEN, *Origines de l'esprit bourgeois en France*, Paris, Gallimard, 1927. C'est à cet ouvrage que se trouvent empruntées les citations qui suivent.

55. Cité par Bernard GROETHUYZEN, *op. cit.* L'ouvrage du père Croiset est de 1743.

56. *Ibid.*

57. Exemple récent de cette condamnation de l'argent par une certaine tradition dite de « droite » : le numéro spécial *l'Argent* de la revue *Éléments* (« revue de la nouvelle droite ») du printemps-été 1984 (nº 50). Voir notamment l'article d'Alain de Benoist, « L'argent comme symptôme », p. 43 *sq.* « L'argent et la place qui lui est donnée sont bien le symptôme où l'avoir compte plus que l'être », affirme le sommaire.

58. Cité par Bernard GROETHUYZEN, *op. cit.*

59. HEMSTERHUIS, *Alexis ou l'Age d'or*, 1787.

60. On rapprochera ces observations des analyses de Gaston BACHELARD, in *la Terre et les Rêveries du repos, op. cit.*

61. Cité par Bernard GROETHUYZEN, *op. cit.*, *Lettre à Mgr l'archevêque de Lyon*, 1763.

62. *Actuel*, nº 32, juin 1972. Voir notamment l'éditorial « C'est quoi la bonne vie ? », p. 5 et 6. On relèvera également, p. 11, cette profession de foi traditionaliste assez surprenante dans un magazine considéré comme « progressiste » ou « gauchiste » : « L'homme, enraciné à son terroir, s'appuie sur la tradition quand l'homme industriel, et plus encore le nomade qui se profile en lui, ne perçoit plus ces initiations qu'en vestiges mystérieux de son lointain passé, etc. »

63. Rose-Marie LAGRAVE, *Le Village romanesque*, Paris, Actes du Sud, 1980.

64. Voir J. LAPLANCHE et J.-B. PONTALIS, *Vocabulaire de la psychanalyse*, Paris, PUF, 1967, article « Régression ».

Voir également Michel NEYRAUT, « De la nostalgie », *l'Inconscient. Revue de psychanalyse*, nº 1, janv.-mars 1967, p. 60 *sq.*

NOTES ET RÉFÉRENCES

65. Voir Carl Gustav JUNG, *Problèmes de l'âme moderne*, Paris, Buchet-Chastel, 1961 (préface du Dr R. Cohen). Également *Présent et Avenir*, Paris, Buchet-Chastel, 1962.

66. Le texte de COURT DE GIBELIN, saluant dans le mesmérisme, dont il fut l'un des adeptes, le moyen de récupérer le « temps heureux du printemps de l'humanité », est cité dans l'étude de Bronislaw BACZKO, « Lumières et utopies. Problèmes de recherches », *Annales*, mars-avril 1971, p. 355 *sq.*

67. John ATKINS, *Les Mémoires du futur 1960-3750*, Paris, Denoël, 1958.

68. C'est Mme de STAEL qui, dans *De l'Allemagne*, évoque, pour sa part, à propos des rêves de l'Age d'or, « le chagrin d'avoir perdu et l'ambition de retrouver ».

V. L'Unité

69. Jules MICHELET, *Œuvres complètes*, Paul Viallaneix éd., Paris, Flammarion, 1957, t. XVI.

70. Voir *Politique d'Auguste Comte*, textes choisis et présentés par Pierre ARNAUD, Paris, Colin, 1965, et surtout *Du pouvoir spirituel*, présenté et annoté par Pierre ARNAUD, Paris, Le Livre de poche, coll. « Pluriel », Paris, 1978. Consulter, d'autre part, Henri GROUHIER, *la Jeunesse d'Auguste Comte et la Formation du positivisme*, t. III, *Auguste Comte et Saint-Simon*, Paris, Vrin, 1941.

71. De SAINT-SIMON, lire surtout à cet égard *le Nouveau Christianisme et les Écrits sur la religion*, présentés par H. DESROCHES, Paris, Éd. du Seuil, 1969. Voir également les textes particulièrement suggestifs de Buchez, Enfantin, etc., cités *in* Maria Teresa BULCIOLU, *l'École saint-simoniste et la Femme*, Pise, Giolardia, 1980. Lire encore l'ouvrage toujours actuel de Sébastien CHARLETY, *Histoire du saint-simonisme, 1825-1864*, rééd. Genève, Gauthier, 1964.

72. Mona OZOUF, *La Fête révolutionnaire 1789-1799*, Paris, Gallimard, 1976.

73. Félicité DE LAMENNAIS, *De la religion considérée dans ses rapports avec l'ordre politique et civil*, *Œuvres complètes*, Paris, 1836, t. VII. La première édition de l'ouvrage date de 1826.

74. Joseph DE MAISTRE, *Du pape*, Genève, Droz, 1966, (éd. critique, avec une introduction, par J. Lovic). La première édition date de 1819.

75. *Du pouvoir spirituel, op. cit.*

76. Sur Lavisse et ses manuels, l'importante étude de Pierre NORA, « Lavisse instituteur national », in *les Lieux de mémoire. La République*, Paris, Gallimard, 1984, p. 247 *sq.* Sur Albert Malet, la thèse de Bernard ICARD, *Albert Malet et*

ses manuels, Paris, 1979 (thèse de l'IEP, sous la direction de R. Girardet, multig.).

77. Cité par Bernard ICARD, *op. cit.* Les citations d'Albert Malet se réfèrent aux premières éditions de son manuel, qui s'échelonnent entre 1902 et 1913 selon la succession des classes.

78. Eugen WEBER, « La formation de l'Hexagone républicain », in *Jules Ferry, fondateur de la République,* Paris, Éd. de l'EHESS, 1985, p. 223 *sq.*

79. In *Mémoire sur la science de l'Homme.* Toutes les religions, y affirme Saint-Simon, ayant « été fondées sur des bases scientifiques », toute réorganisation du « système scientifique » entraînera par conséquent « réorganisation et aménagement du système religieux ».

80. In M. T. BULCIOLU, *op. cit.*

81. J. MICHELET, *Le Banquet, op. cit.*

82. *Du pouvoir spirituel, op. cit.*

83. La formule est du Père Enfantin.

84. J. MICHELET, *La Femme, Œuvres complètes,* 1959, t. XVIII.

85. Charles FOURIER, *Le Nouveau Monde amoureux. Œuvres complètes.* Paris, Anthropos, 1967, t. VII.

86. Voir à ce sujet Henri DESROCHES, *les Religions de contrebande,* Paris, Mame, 1974. L'auteur insiste sur la difficulté de distinguer historiquement « ce qui relève d'une religion non conformiste et ce qui relèvera d'un socialisme non religieux ». De la même façon qu'une dissidence religieuse des XVIIe siècle et XVIIIe siècle peut déjà être considérée comme une « anticipation socialiste », beaucoup de socialismes du XIXe siècle peuvent être appréhendés comme constituant une « postface » à une « tradition de dissidence chrétienne ».

VI. VERS UN ESSAI D'INTERPRÉTATION

87. Voir André MALRAUX, *les Voix du silence,* Paris, Galerie de la Pléiade, 1952.

88. Roger BASTIDE, *Le Rêve, la Transe et la Folie,* Paris, Flammarion, 1972. Voir également de Roger BASTIDE, « Mythes et utopies », *Cahiers internationaux de sociologie,* no 28, 1960, p. 3 *sq.*

89. Voir, sous la direction de Georges BALANDIER, *Sociologie des mutations,* Paris, Anthropos, 1970. Plus spécialement les études de G. GORIELLY, « Signification actuelle de l'idée de révolution » et de J. DUVIGNAUD, « Anomie et Mutations sociales ». Voir également Georges DUVEAU, *Sociologie de l'utopie,* Paris, PUF, 1961, et Jean SERVIER, *Histoire de l'utopie,* Paris, Gallimard, 1967.

NOTES ET RÉFÉRENCES

90. Un certain rapprochement peut être établi à cet égard avec les manifestations de la création artistique. L'œuvre d'art, elle aussi, peut être interprétée comme un reflet de la vie sociale ; mais elle n'est pas, d'autre part, sans contribuer à la formation de nouveaux comportements collectifs. Cf. Pierre FRANCASTEL, *Peinture et Société. Naissance et destruction d'un espace plastique,* Paris, Gallimard, 1965, et surtout Erwin PANOFSKY, *Essais d'iconologie. Thèmes humanistes dans l'art de la Renaissance.* Paris, Gallimard, 1967 (tr. fr. de B. Teyssèdre).

91. Georges DEVREUX, *Essais d'ethnopsychiatrie générale,* Paris, Gallimard, 1969. Voir également Robert KAUFMANN, *Millénarisme et Acculturation,* Bruxelles, Éd. de l'Institut de sociologie, 1964.

92. « C'est dans le mythe, écrit Roger Caillois, que l'on saisit le mieux, à vif, la collusion des perturbations les plus secrètes, les plus virulentes du psychisme individuel et des pressions les plus impératives et les plus troublantes de l'existence sociale. » Autour de ce thème voir principalement Roger BASTIDE, *Sociologie et Psychanalyse,* Paris, PUF, 1949 ; Geza ROHEIM, *Psychanalyse et Anthropologie,* Paris, Gallimard, 1967 ; François LAPLANTINE, *les Trois Voix de l'imaginaire,* Paris, Éditions universitaires, 1974 ; Karl ABRAHAM, *Rêve et Mythe. Essais de psychanalyse appliquée,* Paris, Payot, 1977 (tr. de l'allemand par Ilse Barande).

93. Voir Roger BASTIDE, *le Rêve, la Transe et la Folie, op. cit.*

94. Voir François LAPLANTINE, *les Trois Voix de l'imaginaire, op. cit.*

Index des noms
de personnes réelles
ou fictives

INDEX

Table

IMPRIMERIE BRODARD ET TAUPIN À LA FLÈCHE (5-97)
DÉPÔT LÉGAL JANVIER 1990. N° 11484-2 (1339S-5)

Collection Points

SÉRIE HISTOIRE